suhrkamp taschenbuch 2600

»Wovon handeln denn meine Bücher, wenn nicht von Lebenssuche, Lebendigkeitssuche, Lebensqualität, und zwar in einer Dringlichkeit, als müßte aus totem Stein nicht nur der Funke, sondern gewissermaßen auch Brot geschlagen werden. Ein Selbstmobilmachungsrausch.« Die in diesem Band versammelten Texte geben Aufschluß über die Biographie von Paul Nizon. Ohne Pose erzählt er von seinen Erfahrungen und von seinen Problemen, von seinem Beruf und von seiner Welt, wie er sie sieht.

Paul Nizon, am 19. 12. 1929 in Bern geboren und dort aufgewachsen, studierte – um sehen zu lernen, siehe seinen Aufsatz »Über das Sehen« – Kunstgeschichte, schrieb eine Dissertation über Vincent van Gogh, arbeitete als Kunstkritiker und lebt, seit langem als freier Schriftsteller, in Paris, wo er mit dem staatlichen Chevalier-Orden »des arts et des lettres« ausgezeichnet worden ist. Nizons künstlerisches Selbstverständnis zeichnen die 1985 unter dem Titel *Am Schreiben gehen* publizierten Frankfurter Poetikvorlesungen (es 1328). Die wichtigsten Bücher, alle in Prosa: *Canto*, 1963; *Im Hause enden die Geschichten*, 1971; *Untertauchen*, 1972; *Stolz*, 1975; *Das Jahr der Liebe*, 1981; *Aber wo ist das Leben*, 1985; *Im Bauch des Wals*, 1989; *Über den Tag und durch die Jahre. Essays, Nachrichten, Depeschen*, 1991.

Preise: Conrad Ferdinand Meyer Preis (1972); Bremer Literatur Preis (1975), Deutscher Kritiker Preis (1981), Großer Literatur Preis der Stadt Bern (1984), Prix France Culture Étranger (1988), Torcello Preis der Peter Suhrkamp Stiftung (1989), Marie Luise Kaschnitz-Preis (1990), Literaturpreis der Stadt Zürich (1992), Stadtschreiber von Bergen-Enkheim (1993), Großer Literaturpreis des Kantons Bern (1994). Sein Werk im Suhrkamp Verlag ist auf Seite 181 dieses Bandes notiert.

Paul Nizon
Aber wo ist das Leben

Ein Lesebuch

Suhrkamp

suhrkamp taschenbuch 2600
Erste Auflage 1996
© Suhrkamp Verlag Frankfurt am Main 1983
Suhrkamp Taschenbuch Verlag
Alle Rechte vorbehalten, insbesondere das
des öffentlichen Vortrags, der Übertragung
durch Rundfunk und Fernsehen
sowie der Übersetzung, auch einzelner Teile.
Druck: Nomos Verlagsgesellschaft, Baden-Baden
Printed in Germany
Umschlag nach Entwürfen von
Willy Fleckhaus und Rolf Staudt

1 2 3 4 5 6 – 01 00 99 98 97 96

für Paul und Trudi Hofer

*Das Erinnern der Gegenwart
ist meine Sache*

Geboren und aufgewachsen in Bern

Geboren und aufgewachsen in Bern, in der Länggasse, einem Stadtteil unweit des Hauptbahnhofs, der vorn Universitätsviertel ist und damals, hinten um Toblers Schokoladefabrik, Arbeitergegend und noch weiter hinten Schrebergartenzone, Stadtrand und Waldrand war. Es gibt Leute, die die Länggasse als das bernische »quartier latin« bezeichnen. Davon war nicht mehr viel zu spüren, möglich daß es zu Anfang des Jahrhunderts anders war, als dort die russischen Emigranten auftauchten und die Bürgerschaft mit fremdländischen Gewohnheiten und unruhigem Intellekt aus der Ruhe schreckten. In meiner Kindheit lebten zwar immer eine Menge ausländischer Studenten unter uns, sogar Amerikaner, aber man hätte nicht sagen können, daß sie das Leben in unseren Straßen bestimmten. Sie lebten zurückgezogen, als Untermieter und Schützlinge von Schlummermüttern, und fielen nicht weiter auf.
In der Nähe der Universität ist die Länggasse beinahe ein Villenquartier. Vorherrschend sind Privathäuser mit Gärten, die die menschenleeren Straßen und Wege mit ihren Tannen verfinstern. In meiner Erinnerung atmen diese Villen eine Selbstverkrochenheit, die schon fast misanthropisch wirkte. Gärten und Sträßchen lagen verwaist, die Ruhe war abweisend und interessant wie um Sanatorien, ich wußte nicht, wer hinter den finsteren Gärten und Fenstern lebt, wer die Bewohner sind, aber unterbewußt brachte ich die

altersböse Stille mit der nahen Universität, mit Studium und geheimer Forschung, mit Brüten und Kopfarbeit, also mit Akademikern, eher mit geistigen als materiellen Privilegien in Verbindung. Möglicherweise hatten sich die mittlerweile eingebürgerten und zu Ansehen gekommenen Immigranten hier verschanzt. Hinter der Universität begann eine Zone mit altmodischen grauen Mietshäusern und einer Bewohnerschaft, die zum unteren Mittelstand zählte. Beamte und Angestellte lebten da, sie traten aber nur zu den Stoßzeiten in Erscheinung, sonst lag die Gegend still. Die Straßen lagen in der sonnigsten Langeweile still, wenn die Straßenbahn die Herren Beamten abgeholt hatte. Was blieb, war Frauenleben, wohl auch Krankenleben, Kummer und Gram.
Durch das Länggassquartier führt als schnurgerade Hauptachse die Länggassstraße, die damals von der Straßenbahn befahren wurde. Die Linie endete in der Nähe des Waldrands, und wenn die letzte Straßenbahn mit erleuchteten leeren Wagen den leeren Straßenschlauch abgefahren war, lag das Viertel in der traurigsten Ausgestorbenheit da – höchstens daß die paar Kneipen der hintersten Länggasse noch Betrieb hatten. Aber dieses Randgebiet galt als unzumutbar, ja gefährlich, wenigstens von unserem ordentlichen Mietshäuserstandpunkt aus. Mir war die hinterste Länggasse nahe dem Waldrand mindestens ebenso interessant wie das Villenrefugium um die Universität. Die Häuser waren ärmlich, fast schon verwahrlost, die Sitten waren locker, der Lärm laut, es war was los, mehr Leben da hinten am Rande, und gewisse Seitenstraßen atmeten eine aufrührerische Luft.

Wenn abends die Fabriksirene gellte, ergossen sich die Scharen der Arbeiter und Arbeiterinnen aus Toblers Fabriktor, und dieses Ausströmen von Menschen, die den Tag über mit etwas beschäftigt gewesen waren, was zu guter Letzt zu den begehrten Schokoladetafeln und Pralinen führte, dieses In-die-Freiheit-Gelangen, das das Gegenbild von Gefangenschaft und Gleichschaltung war, erteilte den einzigen Anschauungsunterricht von Arbeit, den das Quartier bot – sah man von den Schustern und Schreinern, den Handwerkern ab, an deren Werkstätten ich auf dem Schulweg vorbeikam. Die Beamtenarbeit der meisten Väter war ja etwas Unsichtbares und darum Unvorstellbares.
Die Länggasse war nicht nur von der Universität her mit Ausländern durchsetzt, das Viertel besaß eine italienische Minderheit, die schon in zweiter Generation dort lebte. Diese Italiener hatten sich emporgearbeitet, sie waren Früchtehändler, Plattenleger, Maler, Gipser, Velohändler, kleine Unternehmer, es gab kaum eine Schulklasse, die nicht Kinder mit italienischen Namen aufzuweisen hatte. Ich war mit einigen Jungen befreundet, ich fühlte mich zu ihnen hingezogen, ebenso um ihrer Sanftheit wie um ihrer frühreifen Männlichkeit willen. Sie hatten andere Stimmen, dunkle, irgendwie heisere Stimmen hatten die Knaben schon vor dem Stimmbruch, und die Mädchen waren auf besondere Weise anziehend, anders als die oft gackeligen Mitschülerinnen aus bernischen Familien: frühfraulich verhalten gingen sie Phantasien stiftend unter uns. Ihre Familien hatten wohltönende Namen wie Cavadini, Fanazzi, die Kinder hießen Florindo, Giancarlo, Francesca.

In nächster Nähe unseres Mietshauses stand die Casa d'Italia, an deren Fassade die italienische Trikolore herabhing, eine Art Klubhaus mit Wirtshaus, Versammlungs- und Vergnügungsräumen; und mit einem kastanienprallen Garten, der von hohen Bretterwänden umstellt war. An Sonntagen hörte man die Italiener unter den Kastanien tafeln, es tönte laut und fröhlich, vielstimmig erschallte der Garten, und wir hatten das unbedingte Gefühl, daß es dort schön und lustig und nicht mißgünstig und vorsichtig zuging wie in den Mietshäusern nebenan. Mit italienischen Buben trieb ich mich als Knirps in der Casa d'Italia herum, wir saßen an einem Tisch und spielten Schach, während über unsere Köpfe hinweg Flaschen und Hände gereicht wurden und lautstarke Anreden und Reden wechselten. Ich weiß, daß ich mich in dem warmen und wilden Getümmel ebenso angeregt wie geborgen fühlte. An Samstag- und Sonntagabenden gab's Kino, ich hörte das dramatische An- und Abschwellen der fremden Stimmen in fremden Stücken eines unsichtbaren Illusionstheaters, ich war aufgeregt und sehnsüchtig, und nach Kinoschluß horchte ich von meinem Bett aus noch lange auf die lauten Unterhaltungen der abziehenden und auf der Straße immer wieder stehenbleibenden diskutierenden Italiener. Die Italiener der Casa d'Italia waren unmittelbar nach Kriegsende aufgetaucht, sie waren Fremdarbeiter, nicht Emigranten, und als ich später die ersten neorealistischen Filme sah, meinte ich in den Protagonisten und Szenen meine Bekannten aus dem Klubhaus wiederzuerkennen.

Die Länggasse grenzt an den Bremgartenwald, der

nicht irgendein Wäldchen, sondern ein ausgedehntes Waldgebiet ist, mit Rotwild und Füchsen, Reitern, schauerlichen Lustmorden und Liebespaaren, mit tiefster Waldesfinsternis und plötzlichen Lichtungen, ein Wald zum Sich-Verirren und Fürchten, ein Wald für Streifzüge, ein herrlicher Winterwald.
Vor Weihnachten trat ich wunderwärtig in den hohen Tannenhof ein, ich spürte äsende Rehe auf, besuchte die eingehegten Pflanzungen mit Jungbäumen, unter denen bald die Christbäume geschnitten würden, ich sah sie dann auf dem Markt, zottig von fettem klebrigem Schnee. Ich mochte die arbeitenden Männer dort im Vorfeld des Waldes, ihre vermummten Gestalten, die Gerüche von Harz, Schweiß, billigem Pfeifentabak; den Rauch, ihren sichtbaren Schnauf in der eiskalten Luft, ihre riesigen rissigen Hände, ihre Arbeit, die sie mit dem Wald verband, anders als den Spaziergänger und Bummler. Der Wald gehörte ebenso selbstverständlich zum Länggassquartier wie Universität und Toblerfabrik, wie das ehrfurchtgebietende Gerichtsmedizinische Institut und dasjenige für Chemie, Physik, Vivisektion, wie der Güterbahnhof und der Friedhof.
Bern war jahrelang nur die Länggasse, und sie war ohne Vergleich, war größer und bedeutungsvoller selbst als New York und Tokio zusammen, als jede Stadt, weil es damals New York und Tokio und alle anderen Städte noch nicht gab. Damals (bei der Erschaffung der Welt) war unser Viertel mein ein und alles. Sogar die Langeweile der Länggasse erscheint mir im Rückblick herrlich. Das Licht der Frühe liegt immer noch auf den Straßen und Winkeln, und dieses

Licht ist der Widerschein von damals, als alles niegesehen und erstmalig war.

Die Stadt, besser, die Altstadt oder Innenstadt, die im Unterschied zu anderen Orten nicht ein erhaltenswertes Überbleibsel ist; die »Stadt«, obwohl nur einen Katzensprung von unserer Wohnstraße entfernt, lag jahrelang außerhalb meiner Reichweite, meines Erfahrungsbereichs. Wir gingen »in die Stadt«, wenn ich meine Mutter auf den Markt, ein Amt oder aus anderem Anlaß ins Zentrum begleitete. Als ich in die Mittelschule kam, lag die Stadt auf einmal an meinem Schulweg, nein: der Schulweg integrierte mich alltäglich der Stadt.

Die Länggasse liegt hinterm Bahnhof auf einer Anhöhe, und so führte der Schulweg von der Höhe der Universität geradewegs in die Stadt hinunter, ich tauchte jedes Mal buchstäblich in deren Niederungen ein. Ich gab mir nicht Rechenschaft darüber, was Stadt und Stadtwelt sei, trotzdem muß ich den Unterschied vom ruhigen Wohnquartier in die belebte Innenstadt sehr deutlich verspürt haben.

Ich registrierte eine Verdunkelung der Luft und Umwölkung der Sinne, eine Art Betäubung. Bauten und Straßen sind plötzlich ein unentwirrbares Gefüge, ein Bergwerk und Höhlensystem, das den Eindringling mit steinernen Flanken und Gängen verschlingt. Die Luft ist nicht mehr die Luft von Gärten, Hinterhöfen und Wegen, nicht mehr Tag- und Zugluft (die letztlich vom Wald oder doch vom Himmel kommt) – Luft und Licht sind eine Art Unter-Tag-Gebräu, und in dieser künstlichen Dämmerung wird der durch und durch steinerne Rahmen zur Bühne. Die Verdunkelung aber ist nicht nur die Folge der steinernen Häufung, das Dunkel ist auch Dämmer einer Patina, einer Altersablagerung; es ist die Heraufkunft versunkener Zeit im Stein. In der Aura des altersdunklen Gemäuers ist geisterhaft alles vorhanden, was innerhalb der Mauern je geschah. Die Geschichte ist flüsternd lebendig, und diese zweite Dimension überlagert das ebenerdige Treiben und hüllt es in ein Geheimnis, das dir die Sinne benimmt.

Ich glaube, daß ich die städtische Sinnesverwirrung sehr stark empfunden habe, als ich mir mit dem neuen Schulweg die Stadt erschloß.

Der Schulweg führte ins Progymnasium, und dieses war in einem Schulhaus am Waisenhausplatz untergebracht. In Ermangelung eines genügend großen Schulhofs trieben sich die Schüler in den Pausen auf dem Platz herum, in einer Szenerie, die durch das ehemalige Waisenhaus, das jetzt Polizeihauptwache war, ein Hotel und Kino namens Metropol, eine Mädchenschule sowie allerlei Geschäfte und Wirtshäuser beherrscht war. Mehrmals wöchentlich war dieser Platz Marktplatz, und einmal pro Woche wurde hier ein Schweinemarkt abgehalten. Die Pausenschüler fanden sich dann mitten unter Bauern, die in blauen Hemdblusen oder altväterischen Anzügen aus dunkelbraunem Tuch neben ihren Schweinekisten stehen, ab und zu ein quietschendes Ferkel aus dem Behältnis fischen, es beäugen, betasten, feilschend begutachten und wieder versenken. Die Ferkel haben blaue Stempel auf der rosigen Haut, die Bauern paffen Pfeifchen, die Luft riecht nach Saustall, Tabak und Schnaps. Handschlag, wenn Bauer und Händler sich einig sind. Aus der dünnen Luft des Latein- oder Mathematikunterrichts fielen wir kopfüber auf den derben urwüchsigen Boden des Schweinemarkts.

Wir waren es gewohnt, die Stadt an gewissen Tagen von Bauerninvasionen okkupiert zu sehen. Zwei Mal wöchentlich werden in Bern große Bauernmärkte abgehalten: ein Gemüse- und Früchtemarkt direkt vor dem Parlamentsgebäude und ein Fleischmarkt in der Nähe des Münsters. Der Gemüsemarkt fand unter freiem Himmel statt und war ein Summen, Drängen, Blühen und Grünen. Der Fleischmarkt aber in der Nähe des Münsters fand teils noch unter den Arkaden der altehrwürdigen Stadtbibliothek statt, in klerikaler, wenn nicht pharisäischer Atmosphäre und in entsprechend gestrenger steinerner Kulisse; hier wirkte das blutige Handwerk des Schlächtergewerbes mittelalterlich grausam und imposant. Mit ihren zeltüberdachten Ständen nehmen die Metzger Gasse und Lauben in Beschlag. An den Ständen hängen halbe und ganze Tiere, rosige und dunkel verfärbte Tierkadaver von den Haken, und die Markttische sind mit saftigen Fleischstücken und Wurstwaren ausgelegt. Hinter den Tischen die Landmetzger mit den fußlangen weißen blutbesudelten Schürzen. Sie hantieren mit langen Messern und kurzen Beilen, während die Bürgersfrauen herbeiströmen und sich unter den Zeltdächern drängen. Die Bauern kamen aus den verschiedensten Dörfern und Winkeln des Kantons, sie waren nicht verstädtert, und doch erschienen Städter und Bauern wie entfernte Verwandte.

Das Land, Hinterland und Bauernland, war nichts Abgerücktes, nichts Bestaunens- und Photographierenswürdiges, es lag griffbereit und üppig vor den Toren der Stadt. Wir fuhren zum Skilaufen ins Emmental, in den Jura und ins Berner Oberland; wir fuhren zum Baden an unsere Seen und Flüsse. Und jeden Sommer fuhren wir zum selben Bauern in die Ferien. Sieben Sommer lang wuchsen meine Schwester und ich mit Bauernkindern auf.

Das Dorf war nichts weiter als ein Flecken, mit wenigen weit auseinanderliegenden Höfen, die wir alle kannten. Unser Hof war nicht der prächtigste, doch ein richtiges Bauernhaus mit dem fast bis zum Boden reichenden Dach und einer breiten Auffahrt zur Heubühne. Wenn die Pferde die Fuder auf die Bühne zogen, donnerte es, und wenn es gewitterte und donnerte, bevor sich der Himmel entlud, hieß es, die da oben führen die Fuder ein. Der Heuboden war ein staubiges dämmriges spinnwebversponnenes Himmelreich mit Nestern von jungen Katzen, verirrten Hühnern, abgelegten vergessenen Geräten und haushohen Ballen von Heu und Stroh. Wir kannten alle Tiere im Stall, mit Namen. Wir hüteten Schweine, jagten Hühner, wußten, wo der Bauer die Flinte für die Jagd aufbewahrte, begleiteten ihn, wenn er die Fallen für die Mäuse und Maulwürfe auslegte und wenn er sie holte. Wir gingen mit, wenn er das Gras mähte, wir halfen beim Garbenbinden und ein wenig beim Fuderladen, und wir fuhren zuoberst auf den wankenden Erntewagen heim. Wir kannten die ländliche Langeweile am Sonntag und die sonntägliche Reinheit unbetretener Waldschluchten, wo die seltenen Falter flogen. Wir sahen nach der Falkenfluh, ob sie rot sei, denn dann würde sich das Wetter ändern. Und

wir kannten nicht nur die umliegenden Höfe und deren Kinder, auch die Eltern der Kinder, die Alten, Knechte, Mägde und alle Tiere.
Wenn ich mit dem Altbauern zur Mühle in die nächste größere Ortschaft fuhr, schaute ich gebannt auf das rhythmisch wackelnde Hinterteil des Pferdes (beim einschläfernden Takt der schnalzenden Hufe), sah, wie der Schweif sich hob, wenn der Hintern mitten im Trab die Pferdeäpfel aussäte. In der Ortschaft roch es stark nach der Gerberei, und die Luft war mehligstaubig. In der Ortschaft stand ein Schloß, das immer noch in Familienbesitz war. Wie eine Miniaturstadt kam es mir vor mit seinem großen quadratischen Hof hinter den Schloßmauern und dem bemalten Tor. Auch die Fensterläden waren flammend bemalt, und drinnen im Hof mit all den angrenzenden Wohn- und Stall- und Remisenkomplexen, mit Kutschen, Kaleschen, Gewächshäusern, herumstehenden Kübelpalmen schien ein sonniger Müßiggang zuhause, dessen Ahnung betörte und träumen machte. Später, als ich sowohl die bernische wie die russische Geschichte durch Bücher kennenlernte, siedelte ich das Leben der Gutsbesitzer in solchen Schlössern an.
Auch wenn im Geschichtsunterricht mein Herz nicht sonderlich für die Gnädigen Herren Berns schlug, schon gar nicht, wenn ich sie mir in Perücken und den lächerlichen Beinkleidern vorstellte, die sie auf den nachgedunkelten Bildnissen im Historischen Museum trugen – weit mehr faszinierte mich der Bauernkönig Leuenberger mit seinen Aufständischen –, so verband sich mit der Vorstellung ihrer Lebensführung dennoch ein melancholischer Lebenstraum. Die bernischen

Landgüter waren in aussichtsreichster Lage errichtet und mit allem versehen, was das Leben verschönt. Zur höheren Lebensart gehörten nicht nur die kulinarischen Freuden, auch Jagd und vielerlei andere gesellige Vergnügungen wie Landpartien, Ausfahrten in vom Lachen erschütterten Kutschen; und die Tagverbringung hatte sowohl mit Orangerien und Gewächshäusern wie mit Musik in Musikzimmern, Lektüre, Gesprächen in Salons und Grübeleien in Studierzimmern zu tun. Und zu all dem dunkelte es abends vor den schönen Fenstern mit allen Düften eines elysischen ländlichen Umschwungs, und nach Mittag lag ein Summton in der grünen und goldenen Luft, der nicht aufhören wollte und höchstens von dem fragenden Gegacker eines einzelnen Huhns unterbrochen wurde, ein panischer Zustand herrschte im Schloßhof, und Oblomow wälzte sich im Traum von einer Seite auf die andere im sonnenüberfluteten Kabinett und in seinen erhitzten Kleidern und schlief weiter.

Als ich vom Progymnasium ins Gymnasium übertrat, führte der Schulweg nicht nur in die Stadt, er führte mitten durch die Stadt und weiter über die Kirchenfeldbrücke in das vornehme Viertel des Kirchenfelds hinüber, das an den Tierpark Dählhölzli angrenzt. Das Gymnasium ist ein heller breitgelagerter Zweckbau, schätzungsweise aus den frühen dreißiger Jahren, der auf hohem Sockel und mit großzügigen, von den bronzenen Figurengruppen des Bildhauers Karl Geiser flankierten Treppenaufgängen bei aller Sachlichkeit an einen Tempel erinnert – einen Bildungstempel im Unterschied zur düsteren Zwangsanstalt des Progymnasiums. Nur eine Straße trennt das Schulhaus

vom nahen Dählhölzliwald, und in den Pausen ergoß sich die privilegierte Schuljugend in dieses Parkgebiet. Unterm Laubdach zitterten und schillerten Lichtkringel, auf den Waldwegen kamen Kinderwagen schiebende Kinderfrauen in weißen Trachten daher, auch vornehme alte Ehepaare, auch Liebespaare; Krähen segelten über die Köpfe hinweg und ließen sich im Unterholz nieder. Von den nahe gelegenen Tennisplätzen war das trockene Ping Pong der Bälle zu hören und aus Richtung der Volieren das Gekreisch tropischer Vögel; im Herbst das Röhren der Hirsche und Elche und, wenn man nur weit genug in den Waldpark eindrang, das Rauschen des Flusses, der kein träge dahinschiebendes Gewässer, sondern ein stellenweise reißender blitzender Strom ist und überdies von der üppigsten Vegetation begleitet wird.
Wir liefen oder radelten zum Fluß und warfen uns in die Strömung. Ohne es zu wissen, lebten wir in paradiesischen Verhältnissen, zumindest hatten wir feudale Gewohnheiten.
Wir lebten in der Stadt und wir lebten in der Landschaft. Wir lebten in einer ländlichen Hauptstadt. Wir lebten in einer *Stadt auf dem Lande*. Die Stadt war keine Großstadt, dennoch war sie durch und durch Steingestalt. War ich unterwegs, ging ich in breiten steinernen Wannen und Kammern, auf gepflastertem Grunde, einem bis auf die skulpierten und figurengeschmückten Brunnen nackten Pflasterparkett; zwischen bruchlos und wandstark sich ineinander fügenden Häusern. Die Häuser, alle annähernd von der gleichen Höhe und Breite, treten auf Stützpfeilern ins Straßenbett vor, und hinter den Pfeilern liegen die

Laubengänge. Die Häuser sind im Erdgeschoß unterhöhlt oder, anders gesagt, sie sind über die Lauben vorgebaut und überwölben solchermaßen das Trottoir, kilometerlang. In den Lauben liegt Geschäft neben Geschäft, man taucht in ein Gerüchegemisch, in dem sich der feine Duft von Nelken mit dem starken Aroma gerösteten Kaffees und beides mit den Ausdünstungen der Charcuteriewarenläden und mit dem Parfüm der Damen mischt; auch Patisserie, Schokolade und Wein liegt als Duftspur in der Laubenluft. Wenn es regnete, roch alles noch üppiger, und das Gedränge der Menschen war doppelt so groß. Als Gymnasiast ging ich hier flanieren, um städtische Luft zu atmen, aber mehr noch um Mädchen zu sehen, die ihrerseits Arm in Arm die Lauben rauf und runter promenierten. Wir hatten immer ein Mädchen im Kopf, das uns im Aarebad, auf der Eisbahn oder bei sonst einem Anlaß aufgefallen war, wir hofften, in den Lauben würden wir die Schöne kreuzen, wir erregten uns an solchen Aussichten, und wir benahmen uns prahlerisch und überheblich, um die Beklemmung zu verbergen, wenn es soweit war.

Die Lauben waren die kommunizierenden Gefäße der Stadt. Tag für Tag schleusten sie die gesamte Bevölkerung unter ihren Bogen durch, und im Verlauf der Zeit hatte ich den Eindruck, jeden einzelnen Bewohner von Angesicht zu kennen.

Dann kam die Zeit, da mich die Stadt zu beengen anfing. Ich spürte die Last des Steinkörpers nicht nur am Leibe, ich trug sie auf den Schultern, als ob ich unter Jochen und in Katakomben ginge. Ich sträubte mich gegen die steinerne Umarmung. Es war, als ob

Bern mir die Welt vorenthielte. Als Oberschüler war ich ferienweise in Paris gewesen, seitdem zog es mich ans Licht der Weltstädte mit ihrer vitalen Polyzentrik, Pluralität, ihrer Unermeßlichkeit. In der Metropole begeisterte mich das Über- und Nebeneinander der Zeiten und Epochen, die überbordende Durchmischung in jeder Hinsicht, die alle Grenzen aufhob, eine Anarchie, die den Einzelnen auszulöschen drohte, gleichzeitig aber mit einer sonderbaren Lebensgier ansteckte.

Demgegenüber war Bern eine eindimensionale Stadt, die nicht über sich hinaus, immer nur auf sich selbst und die eigene Größe verwies, die spürbar in der Vergangenheit liegt. Wenn ich die Stadt von einer umliegenden Anhöhe, etwa vom Rosengarten aus ansah, ging mir die wehrhafte Geschlossenheit, die Monumentalität, aber auch die Selbstverkrochenheit auf. Wie die Versteinerung eines gedrungenen Reptils lag Bern in der Schleife der Aare, dieser wässernen Umschlingung, und die Gassen hatten das Gepräge von breiten Furchen, die alle in das Flußknie mündeten. Eindrucksvoll war der Höhenunterschied zwischen Oberstadt und Flußniveau – die Brücken überschreiten den Fluß aquäduktoch, und da wo die Stadt steil an die Hänge hinausgebaut ist, taucht der Blick in schwindelerregende Tiefe. Es gibt viele Selbstmördergeschichten in Bern, von Leuten, die sich von den Brücken in den Fluß oder von der Münsterplattform in die Unterstadt gestürzt haben; einige waren wunderbar mit dem Leben davongekommen.

Bern war das alte Bern, die Stadt war die alte Stadt, sie reichte von der Nydegg, wo die früheste Burgstadt gelegen hatte, über mehrere Stadterweiterungen bis zur Heiliggeistkirche; was jenseits dieser kompakten Altstadt lag, war strenggenommen nicht mehr die Stadt. Alle neueren Quartiere, so eigenartig sie auch sein mochten, waren Anhängsel, die eben noch durch dünne Gefäße mit dem alten Herzen verbunden waren – und mit ihm schlugen. Es gab schöne vornehme Viertel, es gab interessante und moderne, aber sie alle bildeten keine lebensstarken neuen Zentren, sie hatten nicht aufkommen können neben der alten Stadt, die in ihrer Überlebensmacht nichts neben sich aufkommen ließ.

Diese alte Stadt war die Stein gewordene Gestalt der bernischen Geschichte und damit einer Zeit, da Bern ein mächtiger Stadtstaat und nahezu eine europäische Großmacht gewesen war. Das alte Bern war eine feudale Herrschaft gewesen mit einer Ordnung, in welcher es Herren und Untertanen, Patrizier und nicht regierungsfähige Burger und Zuzüger, Stadt und Land, Herrenbauern und Knechte gegeben hatte; Landvögte und Großgrundbesitzer auf Schlössern, die ihre Untertanen patriarchalisch regierten und auch als Soldaten an die europäischen Höfe vermittelten. Berns Altstadt war die Hauptstadt dieses einstigen Staatsgebildes gewesen, aber es hatte seinen eigenen Untergang irgendwie überlebt. Bern war ein Überlebenswunder der eigenen vergangenen Größe, und die Stadt machte den rückwärtsgewandten Traum sichtbar.

Wenn ich in der Unterstadt, unterhalb Nydegg, herumstreunte, dann ging ich in einem Unterreich jenes alten Bern um, im einstigen Flößerviertel, wo sich vor Zeiten dubiose Elemente zu Füßen der Stadtmauern angesiedelt hatten. Hier kam der Fluß mit hohen reißenden Wassern bedrohlich daher und fraß am Sockel der Stadt, und verwegen mußte es in dieser Niederung der Unterprivilegierten einst zugegangen sein. Ich wußte nichts Genaues, aber beim Spazieren ging mir das alles ganz von selbst ein.

An der Herren- und Junkerngasse, wo sich Palais an Palais reiht, herrschte nach wie vor die exklusive Stille der bevorrechteten Familien. Es war die Ruhe der höheren, gedämpfteren, auch gebildeten Lebensart. Das Leben spielte sich hier tief in den Häusern ab, und die Häuser waren im Inneren entsprechend großzügig eingerichtet. Hinter den Häusern waren terrassierte Gärten, hängende Gärten mit Steinbänken und Skulpturen in lauschigem Grün – von der Münsterplattform hatte man Einblick in die verheimlichten Reservate. Demgegenüber waren eine Metzger-, Brunn- oder Postgasse kneipenreiche, händelsüchtige und von Türenschlagen und lauten Worten unruhig erfüllte niedere Gassen. Handwerker arbeiteten tagsüber in den Lauben, nachts waren finstere Gesellen und Huren, auch angeheizte Bauern anzutreffen, die in der Stadt etwas erleben wollten.

Das alte Bern war ein stadtgroßes Gehäuse mit nüchternen Korridoren für den weltlichen, ratsherrlichen, militärischen oder klerikalen Aufmarsch; und mit behaglichen Straßenstuben fürs Volk; mit Residenzen für die Besitzenden und Regierenden; mit Laubengängen für Handwerker und Krämer und mit Freigehegen für das asoziale Element. Solches war beim Spazieren zu lesen, die Stadt unterrichtete darüber, ob ich es wissen wollte oder nicht.

Ich interessierte mich damals wenig für derlei Geschichte, aber ich ließ mir den ausgetretenen, von jahrhundertealtem Leben angereicherten Stein gerne gefallen, es war etwas Tröstliches in dem Nachleben und flüsternden Überleben, und gleichzeitig etwas Einschläferndes – wie von Brunnenrauschen.

Nach Abschluß der Schulen wohnte ich in einer Mansarde der Altstadt. Der Familienhaushalt in der Länggasse war aufgelöst und ich »in die Stadt« entlassen. Ich lebte nun unabhängig für mich, zeitweilig ging ich in der Stadt wie in einer fremden Stadt um. Auf meinen Gängen tauchte ich immerfort in diesen bernischen Überlebenstraum ein. Nimm Platz in der Stein gewordenen Geschichte, sagten die Gassen, die Plätze. Nachts, wenn die Stadt ausgestorben und der Stein erloschen dalag, wenn die Straßenzüge ausgeschritten waren, wenn das alte Bern eine graue altersrunzlige Arena bildete, überkam mich ein wahrer Gefangenenkoller. Ich lebte auf Abruf in meiner Geburtsstadt, und als sich eine Gelegenheit bot, verließ ich die Stadt.

Das Haus stülpt sich dir über

Die Zeit ist nicht wiederzufinden im Hause. Sie liegt verstaut in Zimmern und Wohnungen, in Betten und Schränken, in Mauern. Im Treppenhaus? DAS HAUS STÜLPT SICH DIR ÜBER. DAS HAUS NIMMT DIR DIE SICHT. Alle kamen sie, einmal angekommen, nie wieder hinaus aus dem Haus.
Ich sehe Mutter nur immer in häuslichen Posen. Sie sitzt an der table d'hôtes der Pensionäre. Sie beaufsichtigt die Tafel, trägt auf. Wie alt ist sie? Schwer zu sagen. Sie trägt auch schon die unsäglichen Kleider, die schwarzen Niemandskleider, die uns an Großmutter irritieren. Wann hat sich Großmutter in diese Kleidung verkrochen? Sie muß andere Kleider getragen haben, damals, als sie bei uns einzog. Normale Kleider, Stücke aus einer eigenen, ihr gehörigen Garderobe. Aber sie geht ja nie mehr aus. Sie geht nie aus der Wohnung.
Sie koche und kämpfe am Herd, kann man sagen. Sie läßt sich anders gar nicht denken. Es wirkt, als kämpfe sie *immer* mit den Schwaden am Herd. Sie spricht wenig und nur mehr Formelhaftes. Anweisungen. Anweisungen an das Dienstmädchen Anna, Anweisungen an Mutter. Es eilt ja, und alle haben immer alle Hände voll zu tun. Anweisungen auch an die Kinder. Kein Platz, keine Zeit. Oder: zum Einkaufen gehen, schnell. Sie wird immer kleiner in diesen unscheinbaren – eigenhändig erneuerten? – Kleidern, die immer mehr in *ein* undefinierbares Kleid eingehen. Ein

Hauskleid? ein Tarnkleid? Es ist schwarz und verschossen und hat einen Alltagsfilm.
Aber da ist eine andere Vorstellung. Von früher. Eine aufrechte Frau, groß. Die grauen Haare hochgekämmt, geköppelt. Eine Frau, die zu Besuch kommt. In ihrer Sprache ist eine ländliche Färbung, und in diesem fremdartigen Anklang will eine frühere Großmuttergestalt hervortreten. Eine Frau, die von anderswo herkam.
Eine jüngere Frau, frei. Irgendwann ist sie in die Stadt gekommen, vom Lande. Geheiratet, geschieden. Eine geschiedene Frau mit Kindern – damals? Hatte ihre eigene Wohnung. Führte ein Kolonialwarengeschäft, heißt es. Mietete Zimmer aus. Zieht zu ihrer Tochter und steht von nun an am Herd. Wie lange schon? Sie geht nie aus. Diese unbekannte – verschollene – Frau in der jetzigen Frau.
DAS HAUS STÜLPT SICH DIR ÜBER. DAS HAUS NIMMT DIR DIE SICHT.
Und Mutter beginnt auch schon in solchen Kleidern umherzulaufen. Sind es die Kleider von Großmutter? Dieselben ehrgeizlosen, anpassungsfähigen Hauskleider. Das eine Kleid. Sie geht auch immer weniger aus. Vordem ist sie noch ausgegangen, wenn auch nur zum Metzger. Einmal die Woche auf den Markt ins Zentrum der Stadt. Aber jetzt? Manchmal kann man sie schon fast deckungsgleich mit Großmutter sehen. Eine Mutter in der anderen Mutter.
Mutters gelegentlichen Bemerkungen ist zu entnehmen: da war eine andere Wohnung. Eine stattliche, ehemals Pfarrerswohnung. Geräumig. Und die Möbel, die Aussteuermöbel, nahmen sich glänzend neu

aus und imponierend auf dem Parkett, das sie blitzsauber hielt, man hätte darauf essen können. Ein Haushalt noch ohne Großmutter und ohne Pensionäre. Vater und Mutter noch mobil, ein aufstrebendes Ehestandsunternehmen. Mutter richtet sich her vor dem Spiegel, zum Ausgehen. Sie geht ihr Neugeborenes spazierenführen.

Was aber geschah von dort nach hier? Was hatte die Macht, sie so einzuschlürfen – in eine gewissermaßen *statische* Daseinsform im Hause?

Natürlich finden sich Erklärungen. Vater ist Erfinder. In der ersten (ehemals Pfarr-)Wohnung arbeitet er an einem ausgedehnten, erfolgversprechenden Erfindungsprogramm. Die ersten Erfindungen gehen in Produktion. Es verkehren Bankiers im Hause. Einer von ihnen drängt Vater den großen Wagen auf. Er wird die meiste Zeit vor dem Hause parkieren.

Man kann sich vergrößern. Man benötigt mehr Platz. Vater müßte eine eigene Etage haben, vor allem ein richtiges Laboratorium. Man zieht in die größere Wohnung um. Zwei Stockwerke, sechzehn Zimmer insgesamt – eine seltene Gelegenheit für städtische Verhältnisse. Auf dem Briefkasten steht UNTERSUCHUNGSLABORATORIUM unter Vaters Namen. Vater erfindet und forscht. Er schaut unter gerunzelter Stirn aus dem Photo und trägt einen buschigen Schnurrbart. Die Stirn scheint bucklig.

Dann erkrankt Vater. Die Wohnung wird in eine Pension umgewandelt. Großmutter kommt ihrer Tochter zu Hilfe. Sie gibt ihre eigene Wohnung auf. Und Vater liegt. Auch er kommt fortan kaum mehr hinaus aus dem Hause.

Seit sie im Haus sind, gibt's nur mehr Zustandsbilder von allen. Großmutter steht am Herd, Mutter ist zwischen Eßzimmer und Küche, Vater liegt. Die unbeweglichste Gegenwart ohne die minimalste Veränderung, möchte man meinen. Eine Art Ewigkeit, Ewigkeitsfron.
Wo ist die große Geschichte ihres Anlaufs geblieben? Was hat sie so gleichgemacht, hingemacht?
Wo ist der junge Mensch im hochgeschlossenen Mantel, der auf dem Bild so störrisch ins Kameraauge des Straßenphotographen blickt?
Der junge Mensch, unabhängig, mit dem bleichen, melancholisch-skeptischen Gesicht unter dem verwegenen Hut? Was hat er zu tun mit dem bettlägerigen, hilflosen Vater, der, so wie er ist, zum Haus gehört, als hätte er nie etwas anderes getan als krank daniedergelegen? Wo steckt im bettlägerigen Vater jener frühere Mensch, frage ich?
Ein Mansardenstudent, Emigrant, mit kleinem Monatswechsel, taucht er auf in der Stadt. Gänge zwischen Mansarde und chemischem Institut der Universität, nicht viel mehr, auf diesen Straßen, die ihm so neu erscheinen wie frisch gefallener Schnee. Zufall, der Wohnort. Zufall, die Straße. Er hat wenig Bekannte hier. Ein, zwei Studenten, die mit ihm zusammen emigriert sind, kommen ab und zu zu Besuch. Sitzen in Mänteln in der engen Mansarde und sprechen leise aufeinander ein in ihrer Fremdsprache. Sie tönt wie Gezwitscher. Wenig Bekannte, wenig Geld. Und viel zu arbeiten. Neben dem Studium ein schönes Pensum Spracheerlernen ist zu bewältigen.

Wenn er im kleinen Kolonialwarenladen einkehrt, seinen Tee, sein Brot, seine Butter zu erstehen, dann aus Geldmangel, auch aus Zeitmangel. Er muß sich ans Studium halten, er hat hier niemanden, der ihm Rückhalt verschafft.

Im Laden sitzt Mutter, fast noch ein Mädchen. Sie sitzt aushilfsweise nach Büroschluß, wie Jane aushilfsweise im Tabakladen sitzt. Ein Lichtblick für den Fremden. Ihm steht nichts weiter bevor als ein Abend mit chemischen Formeln, mit Grammatik – in der Mansarde. Also bleibt er gern so im Laden stehen, etwas länger als nötig. Das Fräulein hinterm Ladentisch ist adrett gekleidet, fast amazonenhaft gegürtet. Auffallend das kokette Schuhwerk. Und in den Augen eine glänzende Mitteilung. DU GEFÄLLST MIR, FREMDER, IM LANDESUNÜBLICHEN AUFZUG. ICH SAGE DIR DU IN GEDANKEN. Und in den Augen des Fremden ist sie eine im Kostüm versteckte, reizende, Frau.

So beginnt's, vielleicht, wer weiß, wer weiß etwas Genaues – jedenfalls zieht der Student bald als Zimmerherr in die Wohnung der Ladeninhaberin um. Er zieht als Künftiger in die vaterlose Familie von Großmutter ein.

Wo sind die jungen Leute hingekommen? Wo blieb die kleine Kontoristin, die abends mit einer Vielzahl ihresgleichen eifrig das Kontor verließ und sich beeilte, um daheim im Laden auszuhelfen; vielleicht auch, um den Ausländer mit seinen umständlich-ausgesuchten Aufwartungen nicht zu verpassen.

Sie träumt so schwärmerisch vor sich hin am Bürotisch – auf dem unscharfen Schnappschuß von damals. Sie scheint schwärmerisch ganz allgemein, natur-

schwärmerisch auch – Das Frühlingserwachen! die ersten Nebel im Herbst...! Alles Schwarm und Traum. Sie ist ja mehr als behütet. Sie wächst mit Brüdern und deren Freunden, mit lauter männlichem Jungvolk, auf. Gemeinsame Bergtouren werden ausnahmsweise bewilligt. Damals ist man im knöchellangen Kleid zu Berge gestiegen. Begleitung auf Heimwegen? Wie wird die ärgerliche, geradezu krankhafte Schüchternheit verborgen? Das ständige Erröten ... das Kichern. Dann tritt dieser Fremde auf den Plan. Und unversehens ist sie in die Figur der Jungvermählten und bald danach in die Figur der Mutter geschlüpft; und verschollen. Gehört zum Haus, wächst ins undefinierbare Hauskleid – wie die Großmutter. Eine Hausfrau. Und kommt schon nie mehr hinaus aus dem Haus. Kennt sie Vater, den Fremden?
Ich sehe keine Liebesgeschichte, keine Ehe- und Familiengeschichte. Überhaupt keine Geschichte. Nur das Haus. Und im Hause enden die Geschichten, verenden die Lebensgeschichten, die Leben.
Immer werden die Anläufe, die Lebensläufe, kaum begonnen, abgeschnitten und nehmen diesen häuslichen Stillstand an. Diese Nummernhaftigkeit, Gespenstigkeit. Wie bei den Vätern vom blinden Peter und von Jane, diesen noch sehr jungen Vätern, die entweder mächtig angeben untereinander oder sich in übertriebener Höflichkeit nach außen zu ducken scheinen. Sie wirken unglaubhaft, künstlich, in ihrem Beamten- und Angestelltengehabe, in das sie überhaupt nicht hineinpassen. Sie wirken, als wären sie beiläufig von irgendeinem Beruf geschnappt worden.

Sie können es selber kaum glauben. Sie wollten Beruf spielen, denkt man, und haben sich nur so zum Spaß in der Buchhaltung oder in der Registratur gemeldet. Probeweise. Die Körper zum Beispiel waren überhaupt nicht bei der Sache. Und es ist ja nicht ihr Interesse, was dort geschieht.

Nun leben sie, als hätten sie ihr Leben abgegeben. Deponiert. In einem Pfand-Leihhaus wartet und vergilbt es. Sie stehen so herum und verzögern die Heimkehr. Rauchen, während sie mit rauchigem Atem ein Sportereignis diskutieren. Was haben sie mit ihren Anstellungen zu tun? Mit den Rechenmaschinen, Registraturen, Karteien? Dem faden Milieu der Büromöbel? Der eingeteilten Zeit?

Junge Burschen, kaum dem Fußball entwachsen, dem abendlichen Ausschwärmen in Gruppen, Mädchen im Kopf, Abenteuer und Schlägerei. Aufgewacht wie nach einem bösen Traum, aber nun ist's Wirklichkeit. Haben Frau und Kind und einen Beruf und stehen so vor ihren Häusern, die Heimkehr hinauszuzögern, und tun sich wichtig.

Im Hause enden die Geschichten, im Haus verenden die Lebensgeschichten, frühzeitig. Wem wird dieser Preis bezahlt, dieser Mietspreis; der Preis für den gedeckten Tisch und die Frau, vor der man sich bereits verstellt in chronisch schlechtem Gewissen – dieser *Lebens*preis?

Sie liegen so unter einem Dach in ein Mietshaus geschichtet und drehen sich zur Seite, die Gatten.

Es ist immer Abend, hat man den Eindruck. Immer ist der Tag schon vorbei. Ein Haufen schmutziges Geschirr, verziehender Dampf, Feuchte und Seufzen

ist der Abend. Und Kehrreim des Aufräumens, des In-Ordnung-Bringens für den morgigen Tag.
Und Herr Schillings Wursteln und Hüsteln tönt durch die Wohnung. Bei ihm herrscht die peinlichste Ordnung. Was bedeuten diese Handlungen, bedeutet dieses Zurechtlegen der Kleider, die aufs pedantischste auf dem Stuhl deponiert werden? Der Zeitung, die vorsorglich aufs Nachttischchen zu liegen kommt?
Herrn Schillings Tagbeschließen geht vor sich wie bei einem Zelleninsassen und Internierten. Er schüttelt das Federbett. Dann steht er eine Weile am dunklen Fenster, bevor er sich zu Bett legt und die Zeitung beschnüffelt bis zum Auslöschen des Lichts, bis zum tappenden Ausknipsen des verflixten Schalters am altmodischen Lämpchen unterm Rüschenschirm.
Was soll diese Disziplin? Er hält Kammer und Kleider und Gewohnheiten in Ordnung wie einer, der demnächst das alles abzugeben und abzustreifen hofft. Wie einer, der bereit sein möchte, wenn der besagte Tag anbricht. Welcher Tag?
So leben sie alle. Abgeschnitten. Verpuppt. Auch die Väter von Jane und dem blinden Peter. Sie heben sich auf. Wofür? Das Arbeiten ist nicht das Eigentliche, spürt man. Leben sie in der Hoffnung auf ein auf sie wartendes passendes Leben, das gegenwärtig nur umständehalber nicht möglich ist? Sie leben im Hause.
DAS HAUS STÜLPT SICH DIR ÜBER. DAS HAUS NIMMT DIR DIE SICHT.
Leben sie noch? Jedenfalls leben sie keine eigentliche Geschichte, fürchte ich. Wie Herr Schilling, von dem man weiß Gott nur stereotypische Handlungen und die verkürzteste Handlung zu Gesicht bekommt.

Eine Art gehässiger Selbstverstümmelung ist in seinem Benehmen. Als setzte er allen Ehrgeiz dahinein, noch sparsamer nach außen, noch geiziger, knausriger mit Äußerungen auszukommen. Äußerungen sind ihm zu schade. Er ist schon an die fünfzig. Und doch steckt auch in ihm ein junger Mensch, der einmal in dieser Stadt ankam, wissen wir. Er kam, um hier eine Lehre als Buchhandlungsgehilfe zu absolvieren.
Zum ersten Mal fort von zu Hause, fort von der Mutter. Ein Neuling in einer gänzlich unvertrauten Stadt. Abends sitzt er im Gartenrestaurant, ein Scheuer, froh um die Musik, so kann er unauffälliger die Leute beobachten und das ganze Treiben. Er liest, wer weiß: vielleicht schreibt er – Gedichte? Das wäre möglich. Er hat einen Freund, der ihn in die Anthroposophie einführt. Der Freund wird nach mißglücktem Selbstmordversuch interniert. Herr Schilling besucht ihn in der Anstalt, er spricht ungern darüber.
Damals, wer weiß, lebte er selbst wie eine Romanfigur. Wie eine aus vielen herrlichen Romanen zusammengesetzte Romanfigur. Und die ganze Stadt wäre *ein großes Parkett* gewesen für die Gänge, Erkundungen, eingebildeten Abenteuer des jungen Herrn Schilling. Jedenfalls lebte er romantisch in einer Bücherwelt.
Er sei später bei einem konkursgehenden Antiquariatsinhaber untergekommen. Und dann? Als er ins Haus einzog, war er bereits Beamter mit einer soliden Lebensstellung. Er ist immer noch scheu. Er lebt sehr mürrisch nach außen. Und stöbert in den Fächern seines Buffets und seiner Kommode und bessert eigen-

händig die alten Anzüge aus und legt alles pedantisch bereit für den anderen Tag, jeden Abend. Jeden Abend dasselbe, bevor er das Licht löscht, das unten bei Liebreichs die halbe Nacht brennen bleibt.
Nachts lauert eine gefährliche Stille im Treppenhaus. Alle Wohnungstüren verschlossen. Der geringste Lärm läßt einen schauern in Erwartung von Unheil. Wo haben die Leute, die jetzt Mieter sind, ihre Geschichten verloren? Sie haben sie eingetauscht gegen diesen häuslichen Stillstand. Einmal untergekommen ist schon halb umgekommen.
Werner, als er die Straße entlang kommt, vielleicht einen Zettel in der Hand mit der genauen Adresse, die er mit den Hausnummern vergleicht, sieht aus, als wäre er nicht umzubringen.
Ein etwas hinterhältig dreinschauender Bursche, ein Koloß. Ein Schläger, könnte man fürchten. Er schiebt sich gemächlich voran auf dem Trottoir. Er hat die Adresse von der Entlassenenfürsorge bekommen, er ist beileibe kein Hausbursche, mit seiner Vergangenheit, seiner wilden Kraft. Ansehen gehen kann nicht schaden, denkt er vielleicht. Er bleibt stehen.
EIN HAUS, EIN MÄCHTIGES ECKHAUS, DAS SEINE KERKER IM DACHSTOCK TRÄGT UNTER DEN ZINNEN UND ZÄHNEN DER KAMINE. DAS SEINE FENSTER HORTET. VON UNTEN SIND DIE SCHEIBEN TÜCKISCH – WIE DIE AUGENGLÄSER VON BLINDEN. EIN GRAUES HAUS MIT SCHWÄRZLICHEN FENSTERHÖHLEN. VOR DEM EINGANG DER SCHMALE EISENGEZÄUNTE VORGARTEN. DIE HAUSTÜR VERUNSTALTET DURCH DAS SCHILD Brunner * Blumen & Kränze * Verkauf nicht im Hause * DIE TÜR GEHT SCHWER.

Werner steigt die Treppen hoch. Er schnauft beim Treppensteigen. Er bleibt vor der Tür stehen, läutet. Er sieht sich einer alten Frau in einem dunklen und undefinierbaren Kleid gegenüber. Sie grüßt, nicht gerade barsch, aber auch nicht sonderlich freundlich. Ihr kann er nichts vormachen, spürt er – während der Mann im weißen Ärztekittel ... ein Doktor? oder Kurpfuscher ...? Werner wird ihn die Treppe hinauftragen, nach Vaters erstem Schlaganfall. Er wird lernen, ihn zu mögen, ja zu verehren, den kranken Heilmethodenerfinder.
Werner gehört von nun an zum Haus. Er wird dick und dicker, der kolossale Werner, der Wernerkoloß. Und träge. Bald wird er die Galerie der merkwürdig untätigen Männer und Väter im Hause um ein weiteres Exemplar (oder Exempel oder – Schicksal?) mehren. Die Galerie der Liebreich & Konsorten, der liegenden darbenden leidenden Väter. Was hat sie so hingelegt? Was hat sie so abgetrennt von ihren Geschichten, Lebensgeschichten, ihren Leben? DAS HAUS STÜLPT SICH DIR ÜBER. DAS HAUS NIMMT DIR DIE SICHT.
Alle sind sie angekommen, mit der Adresse in der Hand. Auf eine Annonce. Als Kundschafter gewissermaßen. Woher? Nun, aus dem Freien. Wie der junge Liebreich – er kam aus den Anfängen, von den Wildbahnen, Unwirtlichkeiten einer freien Komponistenlaufbahn.
Ein interessanter Mann, ein Eroberer. Der Kopf steckt und braust ihm voller Musik und neuer musikalischer Ideen, ist anzunehmen. Und der Körper ist ungesättigt, gierig. Der Körper, der den Ideenaben-

teurer Liebreich beherbergt. Die Frau ist noch nicht
Madame Erna, sondern fast noch die junge Ausländerin und Kollegin, die er auf dem Konservatorium
kennengelernt hat. Fast noch die beunruhigende
Fremde, die freiwillig mit ihm geht.
Es ist alles sehr neu an ihr, und die Abende sind
wunderbar, zusammen mit dieser Fremden und mit
den eigenen musikalischen Plänen, in dem einen
Raum. Sie dehnen sich tief in die Nacht aus, diese
Abende.
Er steht vor dem Haus, ein Jungverheirateter und
junger Vater. Ein Wohnungssuchender.
DRINNEN DIE REIHE DER BRIEFKÄSTEN. EIN RAD LEHNT
DARAN. DER TREPPENSCHACHT HOCH IM AUFBLICK.
DIE FLACHE SPIRALE DER GELÄNDERSTANGEN ...
Er schaut sich die Wohnung an. Da, im fünffenstrigen
Raum, getäfelt, mit einem Erker, da wird er den
Flügel plazieren.
Was hat Raoul Liebreich mit jenem Ankömmling zu
tun, der so ungeduldig die Treppenstufen nahm und
unbekümmert und ohne Bedenken den Mietvertrag
unterschrieb? Er kannte keine Furcht. Wohnung und
Haus sind zum Gebrauch da, er, Liebreich, lebt ja in
seiner Musik. Denkt er. Und verläßt heute schon
kaum mehr das Haus, wenn überhaupt die Wohnung.
Liegt in losen Hausmänteln auf Sofas und Stühlen
herum und raucht – während Madame Erna die Nähmaschine schindet, Tag und Nacht, hat man den
Eindruck.
Liebreich gehört zum Inventar des Hauses, grob
gesprochen. Zwar wartet er, anders aber doch wiederum ähnlich wie Herr Schilling auf eine Änderung

dieser seiner Verhältnisse. Auf eine Erlösung? Auf einen anderen Tag – während er seinen Leib verfetten und verfallen sieht.
Er liegt, wie Vater liegt. Nur daß er nicht gelähmt ist wie Vater – oder doch? Während die Frauen arbeiten. Wie Mutter, wie Großmutter. Wie Frau Liebreich und wie die giftige und giftelnde Mutter vom blinden Peter. Wie alle diese Gattinnen, Hausmütter.
Sie halten die Wohnungen in Ordnung, die Möbel. Das, was einst Aussteuer war. Sogar den Perserteppich klopfen sie, eigenhändig. Es ist immer etwas zu tun. Die Frauen scheinen eins mit dem Hause. Hausfrauen. Und Mütter.
Jetzt kommen die Kinder von der Schule. Es brütet und summt die Mittagspause über den Blöcken mitsamt Küchengeschepper, dem Zeitzeichen und den Nachrichten. Die große Hausgemeinschaft, Blockgemeinschaft. Auf einmal wird's still, und in allen Köpfen blinkt ein Warnlicht auf: es ist Zeit. Und schon schlüpfen überall Mäntel aus den Haustüren und wakkeln oder eilen gefüllt zu den Straßenbahnstationen und parkenden Autos.
Hauptsächlich sind es die Mütter, die sich um alles kümmern.
Sie kommen selten hinaus aus dem Haus. Höchstens ins Treppenhaus.
DAS SÄUERLICHE VON VERSCHÜTTETER MILCH UND VON EINGEMACHTEM KRAUT (DAS DURCH DIE HINTERTÜR VON MERKERS FRÜCHTE- & GEMÜSE-GESCHÄFT DRINGT) UND SOGLEICH DER EINTOPF DER DAZUGEHÖRIGEN VORSTELLUNGEN: VOM MILCHMANN DES MORGENS, DER MIT DEN KESSELN SCHEPPERT. UND VON DER MIT-

TÄGLICHEN EINERKOLONNE DER HEIMKEHRENDEN MIETER UND UNTERMIETER, DIE DIE TREPPEN ERSTEIGEN WIE BERGGÄNGER, AUF JEDER ETAGE AUFSCHNAUFEN, DANN MIT EINER WENDUNG DAS NIEMANDEM GEHÖRENDE TREPPENHAUSFENSTER PASSIEREN ...
Ein vaterloses Haus. Was läßt die Väter schon so früh zu lächerlichen, irgendwie aufs Eis gelegten quasi Nichtbeschäftigten – zu Poseuren werden, die allenfalls mitlaufen, aber nicht mitziehen (wenn sie nicht überhaupt liegen)? Wann wurde die Verbindung zu ihren Anläufen durchschnitten? Wie Steinkinder stecken die Ankömmlinge in den heutigen Personen.
Angekommen, untergekommen und umgekommen.
Steinkinder. Der Klumpen ihrer versteinten Geschichte ließ sic erstarren, dann verkommen und schließlich versinken im Hause. Das Haus hat sie sich einverleibt, das Steinhaus, Steinwarenhaus, kann man sagen.
Zwar sind nicht alle gleichermaßen versteint. Herr Schilling zum Beispiel scheint noch sehr zappelig. Er lehnt und hebt sich auf, wortkarg nach außen. Und der zumeist liegende Liebreich kann auch nicht recht stilliegen. Er starrt entsetzt auf den Fortgang seiner Lähmung, während die Frau stichelt. Manchmal überkommt ihn ein Auftauen. Erinnerung. Freiheitsgelüste – im Liegen? Welche Pein.
Auch Großmutter trägt schwer an ihrem Steinkind. Aber da ist »keine Zeit, keine Zeit«. Sie muß am Herd stehn. Der Preis für die Miete und für das tägliche Brot – der andern! Da ja Vater schon so lange liegt und nichts tun kann.
Manchmal zwischendurch kann er aufstehen. Dann

steht er am Fenster und schaut durch die Scheiben. Während die Frauen arbeiten, die Kinder zur Schule laufen und auf die Straße, die noch jungen Männer zur Arbeit hasten und wieder heimkehren. *Sie* leben weder zuhause noch am Arbeitsplatz. Das Pendeln hat sie schon ganz kleingehackt, mut- und lustlos gemacht. Sie zögern die Heimkunft hinaus. Rauchen. Wenn überhaupt, leben sie für Firmen, Unternehmungen, Liegenschaften. Für sie Gespinste, diese Institutionen. Es ist ja nicht ihr Interesse, was dort vor sich geht.

Vater hört von seinem Lager aus ihre Schritte im Treppenhaus. Wenn sie
DIE TREPPEN ERSTEIGEN WIE BERGGÄNGER, AUF JEDER ETAGE AUFSCHNAUFEN, DANN DAS NIEMANDEM GEHÖRENDE TREPPENHAUSFENSTER PASSIEREN. Er spürt vom Bett aus DIE KÄLTE. DIE VERSCHLOSSENEN WOHNUNGSTÜREN, DIE ESSGEMEINSCHAFTEN ODER ZANKGEMEINSCHAFTEN ODER – SELTEN – GELÄCHTER. ABSCHLIESSEN UND KOLPORTIEREN. Lebenszeichen? Taggeräusche?

Im Treppenhaus, im weiten Darm des Hauses, ist kein Tag. Dafür das saure Klima der Verspeisung. Das Licht ist Trug. Im Wal.

Schiff, Kaktee, Trompete

Nach Italien war ich ausgereist, gleich nach Schulabschluß. Das Ziel hatte ich über der Landkarte gewonnen. Zwischen Kalabrien, Sizilien, den Liparischen Inseln schwankend, löste ich schließlich eine Fahrkarte nach Reggio.
Winter war es. Überall stiegen die wenigen Reisenden nach kurzen Strecken aus, enteilten durch leer hallende und im Laternenlicht fröstelnde Bahnsteige in die Nacht. Ich fuhr an all dem vorbei, zwecklos zielstrebig ins Unbekannte. Ich fuhr achtundvierzig Stunden bis knapp an den untersten Rand, bis knapp an die Rampe des europäischen Festlandes. Drüben war Afrika. Nachts stand ich auf schwimmenden Schollen: Afrika gegenüber.
Abweisende Fremdheit stand gegen mich. Tagsüber ein wilder Corso in lohendem Licht. Nachts gespenstig leer die Straßen. Die weißen Buckel der Häuser wölben sich aus dem Dunkel. Braune leckende Dämmerung. Laut atmet das Meer. Landeinwärts Kakteen, Wüste, beschwerlich, verwirrlich zu erwandern, wie ich merke. Also stieß ich von der Festlandrampe ab, ins Flüssige.
In Messina war Sonntag. In Messina geriet ich unabenteuerlich, aus bloßer Ziellosigkeit an Schwindler, verlor in einer faulen Geschichte, die ich trotz ihrer Durchsichtigkeit mitmachte, all mein Geld bis an die Reserve, die ich zuunterst im Koffer verwahrt trug. Entblößt, Unsicherheit kostend, lungerte ich am

Hafen herum und schaute dem Einlaufen eines dänischen Dampfers zu. Eine Frau mit langem blondem Haar, im Pelz, stand an der Reling. Die Matrosen quasselten breiige Silben, schwere Wortstücke in den schmelzenden Abend. Ich wechselte mein Reservegeld um und fuhr nach Neapel zurück. Hatte ein Abteil für mich, lag, die Füße auf dem Fensterbrett, hinter verdunkelter Tür vor offenem Fenster und ermaß über der draußen abrollenden Landschaft alles, was ich verscherzt hatte, mit geheimem Genuß. Die entfliehende Landschaft, all das Bildungsland, das Lebensland, so nah und unerkundet; unerprobt, vergeudet die Strecken, warf ich es stundenlang aus dem Fenster. Ich lehnte mich zurück. Ich widerstand dem Schlaf. Der einzige Mensch, mit dem ich auf dieser Fahrt sprach, hieß Italo.
In Neapel kam ich vor der Morgendämmerung an. Die große Stadt lag noch in Meermilchdünsten. Einzelaufbrüche zu Tagewerk durchratterten, durchschatteten die Nebelschwebe. Von Neapel setzten mich Bekannte nach Ischia über. Das Haus stand am Hafen. Mein Zimmer hatte drei Fensterseiten aufs Meer.
Mein Ausbruch hatte dem Start des Ballons geglichen. Ich hatte immer mehr über Bord geworfen und war nun doch bruchgelandet. War ohne mein Wollen hier angelangt. Rückkehr stand unabänderlich über diesem Aufenthalt geschrieben, der nur eine Hinauszögerung der endgültigen Abreise war.
In Ischia blieb ich etwas mehr als einen Monat. Greifbares ist mir nicht viel erinnerlich. Doch dies ist mir gegenwärtig, ich kann es träumen, singen:

Am Fuß des Hauses blüht rot die Kaktee auf hohem Trieb. Eines Eilands Stille umwölbt sie. Hafengestänge ist der Zaun, Weinberg das Innere. Zweimal täglich legt das Schiff an. Das Schiff kommt mit Musik. Ich höre die gewundenen Schleifen der Klänge, wenn es vor dem Hafen wendet.
Es gibt nichts zu tun. Zwar laufen die Straßen der Erinnerung noch auf mich zu, zwar laufen die Gänge der Ahnung noch ein Stück weit aus. Aber die Straßen laufen nicht mehr durch mich hindurch, die Straßen gerinnen über mir zu schimmernden Bändern, die biegen sich nieder, wölben sich zu weißen Rippen in einem strahlenden Zelt. Ich lebte unter dem Zelt, unter dem weißen Zelthimmel wie im Traume.
Frühmorgens wußte ich, die Fischerflottillen schwärmen aus. Von der Terrasse des Hauses sah ich Schiffe, Kriegsschiffe, gerade Bahn ziehen. Sie ritzten schnurdünne Spuren über den gleißenden Spiegel des Meeres. Ich wanderte auf den Epomeo. Auf der Mauer des Bergklosters liegend, sah ich die Hafenorte ihre Flachdachherden ans Meer zur Weide treiben. Immerfort streunten sie aus, immerzu blieben sie unterwegs. In den Rebstöcken und Baumgärten standen die Männer – die Bäume standen prall voll Frucht –, als ich vorbeiging, als ich zurückkam. Die Früchte leuchteten, die Männer standen in den Bäumen, zwischen Gesträuch, im Geäst. Aquädukte legten sich quer durch die Gegend. In Stelzenschritten durcheilten sie das Land. Die Aquädukte führten nirgends hin. Eine junge Frau ging sieghaften Schrittes auf einer Mauer vor mir her. Sie sah in den Himmel. Die Hüften schoben den Körper ruhig von Seite zu Seite, gaben

ihn sicher von Hand zu Hand. Das Haar schwenkte in schwerem Fahnenfall nach. Die Füße griffen weich und kräftig in die heiße Mauer, der Kopf zog oben im Lichthimmel mit.

Wenn es dämmerte, trieb der Ziegenhirt ins Städtchen ein. Den wartenden Frauen molk er das geforderte Maß geschickt in die Krüge. Die Fleischerläden rochen durch die heißen steinernen Gassen. Abends löste sich Feuer- und Fischgeruch von den ankernden Seglern. Noch tappte des Hafenarbeiters hölzernes Bein auf dem Pflaster. Dann war nur noch Gurgeln, Atmen der See – die ganze Nacht. Der Leuchtturm warf seinen Arm ins Zimmer.

Ich ging nicht mehr aus. Ich lebte unter rosig schimmernden Kuppeln, dem Muschelgewölbe. Tage tauchten in das inständige Lauschen, das Nacht hieß, und tauchten wieder empor. Ich lebte nicht mehr Tages- und Wochenmaß. Lebte ich?

Alle Straßen hingen in Rippen im Gewölbe, zugleich nah und weit: die wandernden Musikanten, die ich in Verona getroffen hatte, in staubiger Vorstadt; Trompete in Staubhitze und Dudelsack. Das Kriechen der Dämmerung über den weißen Kuben Kalabriens. Der Schnee der Heimat. Die Mutter. Die Freunde. Die Wünsche hingen am Zelt; sie berührten mich nicht. Die vergeblichen Fahrten sah ich wieder. Alle Verfehlungen, alles Versagen, allen Stolz; es traf mich nicht. Alles hing, geronnenes Bild, leicht, an den Rippen dieses lichtdurchdrungenen Zeltes, Orte und Straßen, nur anzusehen, nicht zu begehen, an der Kuppel des Zeltes.

Und die Kaktee blühte am Fuß des Hauses auf hohem

Trieb. Feuernde Fackel, feuriges Lebenslicht. Das Schiff fuhr aus, fuhr ein, wand seine tönende Schleife in die weiß singende Luft. Ich lebte über der Fackel der Kaktee, unter den tönenden Schleifen des Schiffes, seiner Ankunft, Ausfahrt und Wiederkehr.

Ich lebte bedürfnislos, tatenlos, ohne Tag ohne Nacht ohne Zeit. Als alle Mittel aus dem Geldbeutel, den ich zur Sanduhr gemacht hatte, entrollt und entronnen waren, fuhr ich heim. Ich machte keinen Aufenthalt unterwegs. Das Land, das Bildungsland, das Lebensland, warf ich in einer Dreißigstundenfahrt in Kilometer und Kilometer Erstreckung aus dem Fenster.

Zuhause ging ich auf Arbeitssuche. Saß in Büros, half Polizeirekruten bei einer Verkehrszählung, füllte in einem Reisebüro Fahrzeugpässe aus, nach vielen Ländern der Erde. Schließlich ging ich Zeitungen austragen.

Wenn ich frühmorgens auf dem Rad durch die Wohnviertel fuhr, sang ich. Ich fühlte mich unendlich lastlos, besitz- und gewichtlos, nichts und niemand, bereit zur Bestimmung, bereit.

Allmorgendlich fuhr ich dies Unbekannte auf dem Rade aus. Wenn ich die Häuserbereiche betrat, wenn ich ins Feld der Hausbewohner, der Menschen kam, begrüßt, beschimpft, bedankt wurde, fühlte ich etwas sich regen, das ich sein mußte. Ich nannte dieses allmorgendliche Zeitungsaustragen, ich nannte dieses Mich-selbst-Austragen: das Ausziehn mit der rüffelnden Trompete. Die Trompete war meine unentwegte Attacke. Wenn es zu Berührungen, wenn es zu Reibungen kam, gab es einen scheppernden, ehernen Ton. Dieser Ton war ich.

Im fahrenden Abteil

Leder riecht sauer, besonders im Verein mit metallenen Stangen, überhaupt wenn so viel Leder zusammenhockt wie im Überlandbus, deutschem Überlandbus, bestimmt für die Arbeiter, die früh, vor Tag noch, aus ihren lehmigen Dörfern in die Kreisstadt gefahren werden. Und abends zurück.
Immer ist's dunkel, besonders im Winter natürlich, wo der Tag so kurz ist. Immer ist's dunkel, wenn ich da mitfahre, wo ich eigentlich nichts verloren habe. So sitze ich schön verirrt, richtig versprengt in dieser Gesellschaft, die in den hochrückigen Lehnen verborgen bleibt, dafür aber umso stärker empfunden werden kann. Im Bus, abgedunkelt im Innern. Der Fahrer vorne allein ist im Dienst, wir andern sind Mitfahrer, ein Zimmer voller Mitfahrer, abwesende Leute, sinken in die Lehnen, sinken ins Leder, sinken wie ins Kirchengestühl, ein jeder für sich, und warten.
Ganz dunkel ist es ja nicht, denn es gibt immer wieder Laternen, die hereinbleichen, oder sonstigen, nicht recht lokalisierbaren Lichterschein, kleine wandernde, nein, huschende Helligkeitseinbrüche. Und das alles im Fahren, während wir an die Rücklehne gepreßt oder ins Gestühl geduckt werden. Alle Mitfahrenden sind in ihrem Privatabteil, isoliert: nach vorne durch die Lehnen, seitlich allerdings nur durch die halbhohen Armstützen, ja, seitlich hat man schon eine spürbare, selten auch ablenkende Nachbarschaft. Übrigens vergesse ich, daß zur Dunkelheit die Stille hinzu

kommt. Das anfängliche Murmeln verliert sich bald, hat ja auch keinen Zweck bei diesem Rattern, überhaupt der Bewegung, die einlullend wird auf die Dauer. Und dann ist es ja üblich, daß Radiomusik angedreht wird auf diesen Fahrten – Lautsprechermusik in den Schlauch! –, so daß wir nun im Dunkeln sitzen und auch wieder im Stillen, gerade wegen des Lärms. Ein jeder für sich und alle im Schlauch, unterm Geplärre des Lautsprechers, dessen Musik sich mischt mit den Geräuschen des Fahrens und in den Kurven verwässert, verzieht, wie ich mir einbilde.

Nun ist das schon merkwürdig in so einem fahrenden Schlauch, denn ich beispielsweise gehöre nicht zu den Gewohnheitsfahrern, mich hat's da herein verschlagen unter die Pendler, und draußen rüdes Acker- und Waldland. Das Fahren kann ich ruhig absolut denken, kann Herkommen und Ziel von dem Schlauch abschneiden, und so schweben wir nur so dahin im erdnah sausenden Zeppelin. Warten.

Wenn nun nur nicht die Nachbarlehne lebendig würde. Das ist ein Einbruch, denn jetzt sitze ich auf einmal wach, aufmerksam und neugierig auf diesen Nachbarn im Nebensitz, den ich nicht sehe, dessen Arm ich aber spüre an meinem Arm. Jetzt bin ich aufgescheucht, jetzt hat das Leder seine Geborgenheit verloren und fühlt sich an wie ein Sattel. Jetzt muß ich ans Aussteigen denken. Draußen wird es stockdunkel sein. Kein Licht, nicht einmal eine richtige Straße. Ich werde mit den Schuhen im Dreck versinken. Es ist die Angst vor der Einweisung, die jetzt nach mir greift. Wenn alles sich zur Tatsache dieses einen Hauses verengt, in das ich hinein muß. Jetzt werde ich dann

ausgebootet aus dem Bus, es wird Nacht sein draußen, weit und ungeschlacht, wenn der Bus sich entfernt und mit den schwächer werdenden Fahrgeräuschen die Stille und Einöde noch betont. Erst allmählich wird den Augen der mit Helligkeiten gestreifte Himmel aufgehen und darunter das niedere Land.
Dieses Haus, muß ich denken, und jetzt ist der ganze Aufenthalt dort »dieses Haus«, das Tal und der Wasserlauf, nach dem das Tal benannt ist, und der Wald oder die waldigen Rücken, die das Tal einengen und rammen, und die Leute – alles ist jetzt »dieses Haus«, in dem es nach eingemachter Wurst stinkt und von Schmeißfliegen schwirrt.
Ich werde eiligen Schrittes auf das Haus zugehen und in die Küche eintreten und froh sein, wenn noch jemand auf ist.
Haus, denke ich. Daß man sich immer ein Haus überziehen muß. Es ist Widmaiers Pachthaus, aber es ist auch *sein* Haus, das schwiegerväterliche Haus; und jetzt sitze ich wieder in jenem engeren und viel unbequemeren Abteil, im Volkswagen meines Schwiegervaters sitze ich, der mich erstmals diesem Haus entgegenfährt. Ruhiger findest du's nimmer, sagt der Schwiegervater am Steuer, und ich nicke und schaue zum Fenster hinaus, sehe gleichgültig auf die kahlen Felder, sehe ein paar Männer in steifen Kragen aus einem Gasthaus treten und feierlich eine Treppe heruntersteigen. Was tun diese Männer zu der Stunde? Was hat sie versammelt, ist ihre Angelegenheit? Und: was hat der Schimmel da zu suchen, der sich an einem Baum den Hals wetzt?
Ich sehe mich mit dem Schwiegervater in die niedere

Küche eintreten. Ein Mann und eine Frau sitzen am Tisch, Herr und Frau Widmaier, sie hätten sich schon gewundert, ob wir überhaupt noch kämen, sagen sie. Ich merke, daß ich merkwürdig gepreßt spreche, weil ich halb den Atem anhalte, um den für mich widerlichen Hausgeruch nicht zu stark einatmen zu müssen. Es riecht nach Moder, es riecht so wie es in lange ungelüfteten Altweiberstuben riechen kann.
Ich sehe mich anderntags aus dem Haus treten in dem unausgegorenen Morgenlicht und nach einem Pfad zu dem weidenbestückten, zu diesem Waisenkind von einem Flüßchen suchen. Sogleich sind die Gänse da. Sie nähern sich mit vorgereckten Hälsen und zischelnden Schnäbeln und fahren mir mit diesen Kneifzangen in die Beine. Die fetten Hinterteile wackeln hintendrein.
Und ich sehe mich mit dem Alten den schneegekrümmten Waldweg zur »Kahlquelle« hinaufpilgern, so um die fünf, wenn es schon dunkel ist. Ein alter Herr, ein Greis und Graumantel, wohnt noch da. Wir wanken den Waldweg hinan, stemmen uns gegen Wind und Schneegestöber, krumm und stumm, bis wir die Kneipe erreichen. Geradezu russisch, das Bild, denke ich, während der Bus wie auf Wolken rollt. Ich sehe uns die Tür aufstoßen. Die Tische glänzen wie die Brote im Backofen in der Hitze. Sonst ist es still, bis auf die Fliegen. Jetzt wird gleich der Schwiegersohn, der über einem der Tische döst, während der Wirt und Schwiegervater hinterm Haus Holz hackt, hochfahren, dann grinsend, noch mit verquollenem Gesicht, das Reden anfangen. Mit dieser Ziehharmonikastimme, die die Luft zum Vibrieren bringt, reden,

bis seine hochschwangere Frau im Türrahmen erscheint und er kuscht. Ein Taugenichts offenbar. Wir schlürfen den Schnaps. Dann machen wir uns auf den Heimweg wie zwei Nachzügler. Der Alte, der Junge. Er und ich.
Die reine Verbannung, denke ich in meinem Abteil. Wenn's nachtet, geht das Licht aus in der Welt, auch wenn es erst fünf ist. Ich suche immer nach Schaltern, unbewußt, ich bin diese Schwundtage, diese Schwärze nicht gewohnt.
Es ist das Ausland, es ist sein – schwiegerväterliches – Land. Es wird schon werden. Dereinst wird man darauf kommen und Geschichten erzählen (wenn man heraus ist), denke ich und höre mich anheben (ekelhaft!) und irgendwem erzählen, wie ich auf Jagd war. Auf Hochsitz. Da wohnt noch ein Oberförster in der Nähe, Mayr mit Namen, der hat mich mitgenommen, hat mir eine Flinte in die Hand gedrückt und mich nach einem ausgiebigen Waldgang vor einem Baum stehenlassen. Und jetzt sitze ich auf diesem Hochsitz aus Ästen, die Flinte im Arm. Im Kopf wahllose Gedanken, in der Nase die Gerüche des Waldes. Die Augen gewöhnen sich an das Ineinander von Nadelwerk und dürrem, pergamentenem Buchenlaub, die Blättchen und Schättchen, es lüftet. Ich sitze mit angehaltenem Atem da, weil ich dauernd fürchten muß, ein Wildtier breche durchs Gestrüpp, und nicht weiß, wie ich mich verhalten werde. Aber allmählich werde ich schlapp und nachlässig auf dem Hochsitz, dann gelangweilt. Es geschieht nichts. Dann ängstlich, es ist so still. Ich schrecke bei jedem Geräusch zusammen, etwa wenn sich ein Blatt vom Baum löst. Ich

blicke unruhig um mich. Dann spüre ich die Kälte die Beine hochkriechen, ich beginne aufgeregt nach Mayr Ausschau zu halten, es dunkelt ja bereits. Mißmutig starre ich ins Geäst des Nebenbaums und führe Reden betreffs Postenflucht. Ich klettere vom Baum, vertrete mir die Beine, schlage mit den Armen. Wieder auf dem Hochsitz wohne ich der Abenddämmerung bei, dieser schmerzlichen Farborgel des Erblassens. Aber mir ist eiskalt. Und jetzt nachtet es eindeutig, und immer noch kein Mayr in Sicht. Was nun? Soll ich auf eigene Faust den Heimweg antreten? Würde nie hinausfinden. Die Geschichte vom sich Verlaufen im Walde fällt mir ein. Ich springe vom Baum, stampfe auf, stapfe hin und her, rufe: Herr Mayr, Herr Mayr, erst zaghaft, dann lauthals: Heerrr Määäyyyrr...

Lieber Widmaier, bester Freund, denke ich an diesem Punkt meiner Abschweifungen vor mich hin, murmle, flehe ich, im Bus und fahrenden Gehäuse, im Abteil, lieber bester Freund Widmaier.

Denn jetzt hat das Fahrgeräusch etwas Barsches, das Rattern hallt lauter und klapprig, weil sich inzwischen der Bus ziemlich geleert hat, und auch der Fahrer zeigt eine Unbekümmertheit, die das Nahen des Endziels verrät. Er hat sich eine Zigarette angesteckt. Ich presse meine Augen an die Scheibe, um abzuschätzen, wo wir sind und wieviel Zeit mir noch bleibt. Aber ich kann nur mein Gesicht erkennen im Glas.

Und jetzt bin ich plötzlich wieder in jener Trambahn, der allerletzten, kurz vor der Endstation, da wo sie eine Schleife macht. Der letzte Passagier in dem warmerleuchteten Gehäuse mit den baumelnden Grif-

fen, allein mit dem Uniformierten, der sich schon die Jacke aufgeknöpft hat. Der Letzte, der beiläufig zum Aussteigen aufgefordert wird. Und draußen die leere Straße in all dem erloschenen Stein, die blinden Fenster im Stein, die leblosen Schienenwürmer im Asphalt. Jetzt muß ich mich zusammenfassen und gürten. Diese Angst vor der verfrühten Ausweisung aus dem Abteil, noch eh man bereit ist, diese Angst ist jetzt da.
Im Abteil schwimmt jetzt alles durcheinander mit Gänsen und Leuten, Wald und Wild, und ich weiß überhaupt nicht mehr, was ich dort verloren habe, wo ich jetzt hin soll. Ich brauche Ruhe, heißt es, um endlich mit meinen Studien zu Rande zu kommen. (Ich ducke mich in das Leder, ich verkrieche mich tief in den Schlauch.) Eine Art ewiger Student, fürchtet man. Ein Jungvermählter braucht einen Abschluß, ein Auskommen, meinen sie. Einen Beruf. Der Schwiegervater hat alles in die Hand genommen, er hat mir das Haus besorgt. Ruhiger geht's nimmer. (Ich zähle die huschenden Lichter, ich gebe mich ganz dem Fahrgeräusch hin und der Lautsprechermusik, die in den Kurven verwässert, wie ich mir einbilde, verzieht.) Übrigens ließ er mir einen Anzug schneidern, der Anzug mußte drei Mal umgeändert werden, zuletzt von einem Schneider gebürtig aus Leipzig, Uniformschneider ehemals, jetzt Flüchtling. Er hat einen Klumpfuß. Der letzte Schnitt war den Kleidern in den Schaufenstern der Kreisstadt abgeschaut, jetzt sitzt er überhaupt nicht mehr. (Wenn nur jemand mitführe, dieser Bus ist viel zu groß für einen allein.) Kürzlich hat mich der Schaffner im Bus geduzt, dabei

bin ich Vater. Ich mußte es mir richtig vorsagen »Vater«, sonst hätte ich mich tatsächlich wieder als Schüler gefühlt, als Jüngling, unverheiratet auf jeden Fall. Das war auf der Fahrt in die Kreisstadt. Samstag, frühestens Freitag, aber neulich war's Donnerstag, fahre ich zum Wochenende in die Stadt. Ich fahre zusammen mit den Arbeitern, die früh, vor Tag noch, aus ihren lehmigen Dörfern aufbrechen. (Also doch Pendler.) Dann bin ich dort zu Besuch. Wir gehen ins Kino und in die Konditorei, meine Frau und ich. Auch auf den Markt. Wir gehen glücklich und schwerelos. (Ich muß mir das alles zusammendenken, sonst ist es weg.) Der Schwiegervater trägt unseren Sohn wie eine Standarte herum, wie aus einem Foto hervorgeht. Übrigens hat mir neulich geträumt, ich stünde in einer vollbesetzten Trambahn, mitten im Gedränge, und merke plötzlich, daß ich meine farbige Schülermütze aufhabe. (Unpassend, peinlich, in meinem Alter.) Sie klebt, um Nummern zu klein und angeberisch zerknautscht, auf meinem Kopf. Ertappt, fühle ich, bringe sie aber um keinen Preis runter. (Blöder Traum.)

Jetzt saust dieser leere Bus wie ein Zug und rüttelt ungemütlich wie ein Güter- und Viehwagen. Das machen die leeren Sitze. Sitze und Stangen klappern, wenn sie unbeschwert sind. Die letzte Strecke ist nie angenehm. Alles sträubt sich gegen die Ankunft. Wenn ich nur daran denke. Dabei habe ich alles, Papiere, Bücher, Datentabellen, Kataloge, Karteien, alles, das ganze Material, bei Widmaier im Haus. Alles bereit. Ich sollte mich weniger ablenken lassen, die Gänse umgehn, nicht auf Jagd gehn. Ich fürchte das

Haus. Bin ich erst drin, geht mir jede Gewißheit verloren. Ich bin dann wie abgeschnitten. Auch der Zweck meines Dortseins kommt mir abhanden. Ich verliere den Überblick. Ich bin dort, basta. Neulich bin ich mit Herrn Widmaier nachts weggefahren. Auf dem Traktor. Ein Schweinetransport. Mit geliehener Mütze. (Der Kälte wegen.) Wir hatten eine Panne, mitten auf der Landstraße, weit und breit kein Dorf, kein Gehöft. Plötzlich war da eine dunkelgekleidete Frau, das Gesicht vom Kopftuch verhüllt, die mich einlud mitzugehn. Fast wäre ich gegangen. Jede Zugehörigkeit scheint dann zu schwinden. Bin ich weg, geht mir jede Erinnerung verloren. Ich mag das Haus nicht. Häuser sind so aufnahmefähig, sie verschlucken mich. (Ich muß mir schnell meine Personalien herbeten, bevor ich aussteige. Ich bin ein anderer dort, als ich hier bin.) Was ist denn nur mit dem Bus? Wir müßten längst da sein. Der verfehlt noch die Strecke. Ich kenne mich überhaupt nicht mehr aus. He! Halt! schreie ich. He, Fahrer! Halt! Ich will da hinaus. Aber der hört nicht, und auch das Leder ist weg. Und überhaupt fährt das ja gar nicht, es schwebt.
Ich schwebe nun an einem weißen Einerlei entlang. Die Kabine ist durchsichtig, ganz aus Glas. Durchs Glas der Wände atme ich Schnee und Eisluft. Es ist so still. Nur am sachten Abfallen des Hangs merke ich, daß es weitergeht, ermesse ich den Verlauf des Hangs. Eine Halde, Schneehalde. Alles ist still und weiß. Nur weit unten ein Hund, er läuft in Bogen. Jetzt sehe ich Kinder in den Schnee tollen. Sie rennen dem Hund nach. Ein kleiner Dicker ist darunter. Mein Kind…
Liebe Kinder, denke ich im gläsernen und hölzernen

Abteil, im Bus und fahrenden Gehäuse, während ich wieder Platz nehme und die lächerliche Mütze abnehme und mich nach den Mitfahrenden umdrehe, diesen Gewohnheitsfahrern wie ich, die ihre längste Zeit, eigentlich immer, unterwegs sind: liebe Kinder.

Und jetzt denke ich überhaupt nicht mehr ans Aussteigen und schon gar nicht ans Haus. Und auch diese Angst ist jetzt weg oder besser die Hoffnung, mit seinem Ort je übereinstimmen zu können, so wie das Stecknadelfähnchen mit dem schwarzen Punkt auf der Landkarte übereinstimmt im Denken des Herrn Offiziers, der sich darüberbeugt.

Hauptsache, es fährt.

Heimreiser

Da wo ich lebe, herrscht der Knopfblick.
Da wo ich lebe, ist aller Gaumen trocken, die Worte fallen hart, ziehn keine Ringe. Sie verunzieren die Gegend.
In den Augen der Knopf oder Kieselstein. Jedes Ding hat seinen Brotpreis. Vor lauter Augenknöpfen, vor lauter Brotpreisen wird jeder Tag zum Kurzwarenladen.
Es herrscht der Mittelstand, der Mittwoch und der Mittelwuchs. Sauber halten die Straßen ihr Mittelland feil. Das Pflaster ist bleich, die Häuser sind mittelgroß. Genau sind die Zwischenräume.
Das Herz ist ein aufgeräumter Laden mit kleinem Hinterzimmer, wo man sich heimen kann. Der Zwischenraum ist überall sauber und hell, das Wetter normal, die Samstage immer freier. Man lebt gut und preiswert und rechtschaffen. Die Todesanzeigen können treuherzig sein. Die gute Meinung hat Sonnenschein. Über die Katzen wacht der Tierschutzverein. Alles ist deutlich. Alles hat Platz. Man kann alles kaufen. Auch die Löhne sind gut. O jede Heimkehr tut weh. Ein Gott heißt Seife. Hart ist die Sauberkeit.

Bildnis Karl Buri
mit flankierendem Selbstbildnis
(als junger Museumsassistent)
und weiteren Staffagen

Um vier Uhr sah ich ihn nie, denn da saß er unten bei Professor Bandi in der Urgeschichte beim Teetrinken, auch sonst sah man ihn selten im Hause und wenn, dann von hinten; man sah ihn über irgendwelche Treppen, um Ecken oder durch die Türe entschwinden; grundsätzlich sehe ich ihn *entschwinden*, wenn ich an ihn im weitläufigen Historischen Museum zurückdenke; er trägt die weiße Mantelschürze, und er trägt, wie ich ihn kenne, diesen leicht verdatterten Gesichtsausdruck zur Schau, den man auch als unwirsch bezeichnen könnte, aber ich glaube, er war bloß scheu, ja, sehr introvertiert, doch um vier, das wußte ich, war er in der Urgeschichte zu erreichen, ich ließ ihn oft ans Telefon rufen, wenn ich mich mit ihm verabreden wollte, denn in die urgeschichtliche Abteilung, dieses Unterreich, wagte ich mich selten, es wäre eine Grenzüberschreitung, ein Eindringen gewesen, wenigstens für mich, Buri aber fühlte sich da heimisch.
Er durfte sich »technischer Konservator« nennen, was immer das bedeutete, hauptsächlich jedoch war er Hausphotograph und mußte für die verschiedenen Museumsabteilungen Sachaufnahmen machen, Aufnahmen für die Inventarkarten, auch jede Menge Spezialaufnahmen für Publikationen und andere Zwecke,

es kamen sogar Aufträge von anderen, dem Museum befreundeten Instituten herein, er hatte alle Hände voll zu tun, ein Spezialist, ein gefragter Mann, jedermann wollte etwas von ihm, darum wohl diese für ihn typische Fluchthaltung. Dabei war er nicht Photograph, er war rein zufällig zu diesem Beruf gekommen, es war dies in der Krisenzeit gewesen, wie er mir einmal sagte, eigentlich hatte er Holzbildhauer werden wollen.

Er war ganz jung nach Paris gezogen, zur Ausbildung, ich weiß jetzt nicht mehr zu wem, in welches Atelier, und er blieb, bis das mitgebrachte Geld aufgebraucht war, dann kehrte er zurück. Er mußte gefühlt haben, daß das Talent oder die Motivierung, der Wille, die Kraft nicht ausreichten, vielleicht war es auch nur eine Geldfrage, jedenfalls fand er sich auf einmal in Bern, ein Oberländer, der irgendwie von der Brienzer Holzschnitzerei herkam oder doch damit zusammenhing und nun bereit war, die Schnitzerei aufzugeben und die hochfliegenden Hoffnungen fahrenzulassen, denn es war Krisenzeit. Er hatte eine kurze, bestimmt tolle Zeit in Paris zugebracht, hatte an der Kunst und Bohème und den Bordellen gerochen, und nun war er zurück, ein Arbeitsloser, der fleißig die immer rarer werdenden Stellenangebote in den Tageszeitungen studierte und immer verschreckter die in seinen Augen galoppierende Arbeitslosigkeit konstatierte, Angst im Nacken und keinen Beruf, was war schon ein Schnitzer mit holzbildhauerischen Ambitionen und dieser kurzen Pariser Erfahrung. Da las er eines Tages, daß das Bernische Historische Museum einen wissenschaftlichen Photographen suche, bewarb sich um die

Stelle, und, Glück oder Schicksal (oder Pech?), er bekam sie. So wurde er wissenschaftlicher Photograph oder zunächst photographierender Inventarisator, und zu meiner Zeit hatte er ein gut ausgerüstetes Atelier im selben Nebengebäude, in welchem die Schreinerei untergebracht war, ich ging gerne in diese Werkstätten-Dépendance (in Deckung), ich hatte auch reichlich Grund dazu, denn Buri war mein Vertrauensmann in fachlichen Angelegenheiten, ihn fragte ich um Rat, wenn ich nicht wußte, wie irgendein obskurer Gegenstand, den ich in meiner Eigenschaft als Assistent zu inventarisieren hatte, zu bestimmen war, ich wußte erstaunlich wenig, wirklich, ich hatte keine Ahnung, und statt in der Literatur nachzuforschen, zog ich es vor, zu Karl Buri, den ich bisweilen Karolus nannte, zu laufen, er wußte zumeist Bescheid. Er durfte sich ja auch technischer Konservator nennen, ich frage mich immer noch, was das eigentlich bedeutet.
Er hatte eine Frau und eine Tochter, sie unterhielten sich in ihrem Oberländer Singsang miteinander, und ich erinnere mich, daß seine Frau gerne lachte, auch über uns lachte, die wir mit lauter museumsinternen Anspielungen daherkamen. Die Buris hatten eine Art Dienstwohnung im Museumsgebäude, ich ging in dieser Wohnung aus und ein, als gehörte ich zur Familie. Wir waren ja auch eine Art Familie, wir alle, eine Museumsfamilie, diese Familie schien manchmal wichtiger als die Familie zuhause, was ich von meiner damals noch sehr jungen Frau auch zu spüren bekam, sie war keine fünfundzwanzig Jahre alt und benahm sich mitunter wie eine grüne Witwe, sie sagte zu mir:

du hast es gut, du kommst hinaus und unter die Leute, du kannst dich umschauen, was in meinen damaligen Ohren wie barer Hohn klang, denn ich dachte täglich: schon ist der Tag wieder vorbei, schon ist es Abend, und ich wußte nicht einmal, wie das Wetter gewesen war, nicht einmal am Wetter hast du partizipieren können, sagte ich mir, wenn ich endlich in meinem vergitterten Turmzimmerbüro (gleich neben dem schwer beweglichen Hauptportal) meine Sachen zusammenräumte, um unten an der Tramhaltestelle Helvetiaplatz neben dem Welttelegraphendenkmal die Straßenbahn zu erwarten, die mich in meine Wohnung im Murifeld bringen würde oder doch nahe hin, ich empfand so etwas wie Gefangenschaftskoller zwischendurch, wenn ich es auch gut hatte, der Direktor sah mir manches nach, der ich aufs knappste Kunstgeschichte studiert, aber immerhin abgeschlossen und gleich danach diese Stelle erhalten hatte, ich hatte dringend eine Stelle gebraucht, ich fragte mich nicht, ob es eine passende Stelle sei, ich war froh darüber, wenn ich auch von all den zu inventarisierenden Dingen wie Geschirr, alten Schuhen, Waffen, Werkzeugen usw. nichts wußte, weil ich nichts von alldem gelernt hatte, wie sollte ich diese Dinge inventarisieren, wie einen annähernd wissenschaftlich tönenden Steckbrief erfinden für das, was in meinen damaligen Augen wie alter Kram aussah, also lief ich zu Herrn Buri hinüber, den ich Karolus nannte und bald duzte, obwohl sich das wissenschaftliche und das technische Personal im allgemeinen nicht mischte. Ich war wohl nicht gemacht für diese Laufbahn, aber jedermann hatte anscheinend Verständnis für mich, der ich damals so etwas wie ein protoliterarischer junger Mann, eben gerade nur ein Poet in spe war, und auf Grund dieser Toleranz war ich privilegiert in diesem Hause, ich mit dem in mir keimenden Poetenleben, aber ich hatte noch keine Stoffe, nur Worte, keinen Gegenstand. Und da lief ich denn immer zu Buri, wenn ich nicht Bescheid wußte, wie ein Kuriosum, das der Sammlung einverleibt werden sollte, zu bestimmen sei: Buri wußte Bescheid.

Er hatte sich in all den Jahren eingearbeitet in dieses weite Feld, er kannte auch die einschlägige Literatur, die es einem kleinen Assistenten, wäre er nicht zu faul gewesen, ermöglicht hätte, selbständig das Ding, das namenlose, abgelieferte, zu situieren und zu datieren und inventarisierenderweise der Sammlung des Museums zu inkorporieren, aber Buri ersparte mir viele derartige Maßnahmen, darum war er mein Vertrauensmann. Es kam so weit, daß ich ihm vorschlug, wir sollten zusammen eine Firma gründen *Buri & Nizon – Beschreibungen aller Art*, weil man als wissenschaftlicher Assistent ein Ding ja nicht einfach beim Namen nennen durfte, man durfte nicht einfach »alter Schuh, ausgehendes 19. Jahrhundert« auf die Inventarkarte schreiben, man hatte wissenschaftlich vorzugehen, folglich galt es zu schreiben: Behälter aus Leder, länglich, oben offen, vorne gezipfelt oder stupsnasig, je nachdem, und alles mit Maßangaben und Gewicht, dann erst wurde es möglich, sich an die Frage der Zweckbestimmung heranzutasten; Namensgebung, Deutung und Betitelung waren das Ergebnis der Forschung, nicht der Anfang, und so forschten wir uns behutsam an unzählige unsägliche Dinge heran, Buri

& ich. Ich denke, ich habe dabei einiges gelernt und zwar für mein Schreiben, zuerst aber galt es zu lernen, daß man in der Wissenschaft von nichts oder doch vom allergrößten Zweifel auszugehen habe, da nichts als gesichert zu betrachten war, nicht einmal ein Schuh, ein Schuh ist nicht einfach ein Schuh, sondern, wie gesagt, ein länglicher Behälter aus Leder, oben offen usw., wenigstens für einen inventarisierenden Forscher, und so sah ich eine Möglichkeit, alles neu zu beschreiben, gleichsam vom Punkt Null ausgehend, und Karl Buri war mir behilflich und lehrreich.

Wir lachten lauthals über diesen unseren geheimen Plan, über unser Konsortium, unsere anvisierte Geschäftspartnerschaft, unser künftiges Brot, wir würden allem einen neuen Namen geben oder einen unerhörten Sinn und Zusammenhang verleihen. Und das hohe Haus duldete diesen Assistenten, der auch oft viel zu spät zur Arbeit kam, er war nämlich eher ein Nachtmensch als Frühaufsteher, kein für dieses Amt endogen Auserwählter, und Mechthild Lemberg, die etwa gleichzeitig mit mir angefangen hatte, sah dem Direktionsassistenten mit skeptischer Gewogenheit und einem zwischen Kummer und Spott schwankenden Gesichtsausdruck zu, in dem letzten Endes aber das Wohlwollen siegte.

Zu unserem Kreis gehörte auch Herr Frautschi, ein Rußlandschweizer, Ingenieur-Agronom, der unter Zar und Bolschewiken gedient hatte, bevor er geflohen und nach einem langen Leben in Rußland in sein Vaterland zurückgekehrt war. Nun diente der alte Mann als technischer Zeichner in der urgeschichtlichen Abteilung; von ihm habe ich in einem Roman geschrieben. Aber ich schrieb nie über Fräulein Schneider, die Chef-Sekretärin, die sowohl von seiten des technischen Konservators wie von seiten des Direktionsassistenten allerlei Unfug aufs liebenswürdigste zu dulden und zu quittieren verstand, auch nie über Herrn Henking, den heutigen Ethnologie-Professor in Zürich, der damals in Ermangelung oder Abwesenheit eines echten Machthabers die völkerkundliche Abteilung als eine Art Verweser leitete – beide gehörten auch ein wenig zu uns. Wir alle richteten uns ein in diesen kühlen Hallen und einem mitunter demoralisierenden Museumsalltag, ungern vor allem, wenn es draußen frühlingshaft schön und der Museumsmann jung war und ohne Berufung für seine Tätigkeit, wie er sich eingestehen mußte; es war ein seltsames Leben, das wir führten, zusammen mit all den mumifizierten Zeugnissen der Geschichte und historischen Schätzen, zusammen mit der Burgunderbeute und den zerfallenden Antependien und deren Geruch, für die Mechthild Lemberg immer mehr zuständig wurde. Ich fragte mich *wo ist das Leben*, und wenn ich nach Hause kam, sagte meine Frau, du hast es gut, du kommst *hinaus*, ich fand darauf keine Antwort. Auch darüber sprach ich mit Karolus, wie ich Herrn Buri nannte, auch mit Fräulein Lemberg, ja sogar mit Fräulein Schneider, wir waren eine kleine Familie in der großen Museumsfamilie, und immer mußte ich mich von Fräulein Schneider bevorschussen lassen, ich mußte mir Vorschuß auf meinen Lohn geben lassen, einmal um einen Hut zu kaufen, es war ein toller Hut, der erste Hut meines Lebens, er stammte aus New York, Fifth Avenue. Auch der einstige Kommilitone Florens Deuchler kam gelegentlich bei uns vorbei, er lief damals in der weiten Welt herum mit hohen Forschungsaufträgen und den allerhöchsten an seine Person gerichteten Erwartungen, und wenn er hereinschaute, staunte ich ihn an, als sähe ich einen Globetrotter, er hatte die Wissenschaft gewählt, er wählt die Freiheit, murmelte ich vor mich hin.

Karolus liebte wie ich den Rotwein, und so setzten wir uns denn manchmal zusammen, am liebsten in der kleinen Bahnhofskneipe gegenüber dem Museum, ich weiß nicht mehr, was wir redeten, sicher nicht über seine Aufnahmen und über meine Inventarkartenprobleme, er interessierte mich, weil er diesen Bildhaueranlauf in Paris hinter sich hatte und überhaupt eine leicht traurige, vielleicht resignatorische, vielleicht leise melancholische Art, das Leben zu betrachten, ausstrahlte, er war ein stattlicher Mann und mein Freund, mein großer Freund – grand ami – am Museum, Freundschaften sind immer Bündnisse, und wenn ich mir überlege, worauf unser Bündnis gründete, dann denke ich heute, es gründete auf einem Verlustgefühl. In Buris Sinn mag es der Verlust oder das Abgeschriebenhaben einer womöglich künstlerischen Freiheit, mag es ein Lebensverlust gewesen sein, wenn ihm diese Narbe auch etwas Tapferes verlieh, etwas von einem altgedienten Soldaten, während bei mir der Verlust ein momentanes Entbehren war, was wollte ich mit meinen siebenundzwanzig Jahren in diesen kalten Hallen und unter diesen burgundischen Schätzen und vorweltlichen Spolien, Spuren, ich dachte, es kann nicht sein, daß dieses Inventarisieren und dieses Redigieren von Jahresberichten *das ganze Leben* sein soll, und so lief ich zu Buri und zu den beiden Schreinern hinüber, die ich im Verdacht hatte, ein weniges mehr im »Leben« zu lehnen; oder ich unterhielt mich mit Herrn Frautschi, der über eine unversiegbare Fülle von russischen Geschichten verfügte, und sogar aus seinem eigenen eher traurigen Gegenwartsleben vermochte er interessante Geschichten zu filtrieren, so aus seinem Leiden an einer Gürtelrosenerkrankung, es war eine humoristische Geschichte trotz der starken Schmerzen; und einmal kam er ohne Zähne zur Arbeit, er hatte sie sich ziehen lassen müssen, aber ein neues Gebiß schien ihm unerschwinglich, so würde er sich eigenhändig ein neues Gebiß anfertigen, was etliche Zeit dauern könne, wie er meinte; ich glaubte ihm nicht recht, aber eines Tages, sehr viel später, kam er mit dem selbstverfertigten Gebiß an, er konnte wieder essen und lächeln, es war zum Staunen. Er konnte alles mögliche, er malte zuhause nach Postkarten russische Schlitten in Winterlandschaften, und er setzte daheim seinen eigenen Wodka an, und seine Frau hatte glatt nach hinten gekämmtes Haar und schwerlidrige Augen, sie war Russin und bewirtete mich auf unvergeßliche Weise; der einzige Sohn war gefallen, weiß nicht mehr, in welchem Land sein Grab liegt.

Ich glaube nicht, daß Buri für das »Technische« zuständig war, wiewohl er sich »technischer Konservator« nennen durfte, dieser Titel war wohl eine Art Dekoration, einfach ein Titel, so wie man früher Hofrath heißen konnte, was immer das bedeutete, es war etwas Geheimnisvolles um diesen Titel, auch etwas leicht Bitteres. Ich glaube, am wohlsten fühlte er sich unten bei Professor Bandi in diesem Teestundenkreis, ich weiß nichts Näheres darüber, es bleibt eine Vermutung, ich bin nie dabei gewesen, es wäre dies eine ungebührliche Grenzüberschreitung gewesen, ich gehörte nicht zur Urgeschichte und den zumeist bärtigen Ausgräbergehilfen, ich war Assistent der Historischen Abteilung und außerdem der persönliche Assistent des Direktors, ich wurde etwa vom Empfang aus angerufen in meinem kleinen Turmzimmerbüro, wenn Leute Auskünfte einholen oder Funde deponieren wollten. Ich gewöhnte mir bald Redensarten an, um die Anfragenden, Donatoren oder Schatzfinder, zu vertrösten, ich sagte, wir werden Ihren Fall untersuchen, werden das Nötige veranlassen, werden uns Ihrer Sache annehmen, verlassen Sie sich darauf, Sie erhalten baldmöglichst Bescheid; und dann lief ich zu Karl Buri, um ihm den Fall vorzutragen, er wußte immer Rat.

Er nahm alles gebührend ernst, aber nicht zu ernst, er hatte seine begrabenen Hoffnungen, diese kleine Melancholie, und er trank gerne ein Glas, wie ich auch, und darum mochten wir uns, und darum sagte meine Frau gerne, du hast es gut, du kommst herum, sagte sie unter Bezug auf ihr Zuhausesein und Muttersein, wir hatten zwei kleine Kinder, und mit Frau und Kindern war ich auf Einladung von Michael Stettler auch auf Schloß Oberhofen im Urlaub gewesen, was uns sehr gefiel und noch mehr beeindruckte, wir waren nichts, und doch durften wir im Schloß mit dem schönen Park residieren.

Buri hatte einen immer-verdutzten Blick und Gesichtsausdruck, er wirkte immer geistesabwesend oder in sich gekehrt; oder vielleicht kam es mir auch nur so vor, ich hatte den Eindruck, ich müsse ihn immer erst aus allerlei Grübeleien herausholen, wenn ich ihn ansprach oder drüben in seinem Photoatelier besuchte, doch dann wurde er gleich zugänglich, wenn er auch äußerst verschwiegen blieb. Er war diskret, was das große Museum mit seiner komplizierten Hierarchie, den heiklen personellen Strukturen anging, aber er war hilfsbereit und anteilnahmefähig, er war vor allem freundschaftsfähig. Er bezeigte dem von uns allen ins Herz geschlossenen Herrn Frautschi eine an echte Treue und Verehrung angrenzende Zuneigung, er schützte ihn von ferne, und mir gegenüber schloß er sich auf, weil mich in diesem Haus keine ehrgeizigen Gedanken antrieben, ich wollte Schriftsteller werden, und zuhause schrieb ich meine kleinen Prosatexte. Ich glaube, er schloß sich mir gegenüber auf, weil er fühlen mußte, daß ich an den Menschen, am jeweiligen menschlichen Hintergrund, an den diversen lebenswichtigen Eitelkeiten, den Illusionen und verlorenen Illusionen, an den verschiedenartigsten Tapferkeiten interessiert war; und weil ich es weder mir noch irgendwem gegenüber verbarg, daß ich nach dem *Leben* dürstete, was immer das sein mochte, und daß ich »Leben« nicht mit Beruf oder Anstellung gleichzusetzen bereit war.

Ich konnte meine Rolle im Museum nicht ganz ernst nehmen, ich *spielte* hier mehr einen Beruf, als daß ich ihn ausübte, und trotzdem waren diese Jahre eine eigentliche Lehrzeit. Es war wohl die einzige länger währende Zeit meines Lebens, die ich in einer Arbeitsgemeinschaft, in diesem Falle war es die Museumsgemeinschaft, zubrachte, es waren unglaubliche Erfahrungen, Erfahrungen von sogenannten Arbeitnehmern; und da ich unter ihnen eher als eine komische Figur denn als ein karrieresüchtiger Adjutant auftrat, öffnete sich mir Buri bis zu einem gewissen Grade. Ich glaube heute, daß er ein Träumer war, der irgendwann allzu abrupt aus einem Kokon-Zustand aufgeweckt worden war und nie ganz begriffen hatte, was ihm geschehen war. Er hatte nie richtig begriffen, wie er so schnell erwachsen und sogar bestallt und pensionsberechtigt, also vereinnahmt hatte werden können; ich glaube, er träumte diesem nie ganz verwundenen Aufgeweckt-worden-und-ins Leben-gestoßen-Sein nach; irgendwo in seinem Inneren war er noch der Brienzer Schnitzer und irgendwo war er noch in diesem herrlichen Anlauf in Paris ... Und dann ist alles weitere so schnell über ihn gekommen. Er trug den weißen Berufsmantel, in dem ich ihn immer um irgendeine Ecke oder durch einen Gang *entwischen* sah, und er trug diesen ein bißchen dubiosen Titel technischer Konservator, eine Art Hofratstitel; er machte seine ganze Arbeit, nicht nur seine Aufnahmen, gut, er war zuverlässig, wenn er sich auch nicht gerne hetzen ließ, er war sogar so etwas wie eine Kapazität und geheime Autorität geworden, aber im übrigen war er wohl in bezug auf die geistige Verdauung seiner eigenen Lebensveranstaltungen etwas zurückgeblieben, er hatte sich selbst noch immer nicht einholen können, darum sein Gesichtsausdruck. Karl Buri war nicht hundertprozentig angepaßt, insgeheim rebellisch, noch verquer, so etwas muß es gewesen sein, und zusammen mit dem Hauch Einsamkeit und Melancholie machte es ihn liebenswert, interessant, wenigstens für mich.

Damals, in der Zeit, da ich in der Museumsfamilie lebte, lernte ich, daß so gut wie niemand geheimnislos und leicht abzustempeln sei, alle hatten sie ihr Doppel- oder Vielfachleben, einen anderen Hintergrund und darum etwas Rührendes. Vom Museum in Bern kam ich nach Rom und danach für lange Jahre nach Zürich, ehe ich es endlich schaffte, nach Paris zu übersiedeln, aber immer wenn ich in Bern bin, schaue ich das den alten Burgen nachgebaute Museumsgebäude mit seinem düsterlichen Parkumschwung und mit den *Schatten auf Rasen* nicht nur mit einem komplizenhaften Einverständnis, sondern mit einer Art Schauer an, weil da unter all den Schätzen und historischen Beutestücken so viele andere menschliche Schätze begraben liegen, Züge und Redensarten und Masken, nein: Spuren, Lebensspuren von Menschen, die ich gekannt hatte und von einem, der damals jung war und meinen Namen trug, nie wieder zurückholbare Leben. Es führt kein Weg zurück, schrieb Thomas Wolfe, den ich, als ich ein Glied dieser Museumsfamilie war, mit dem Überschwang des jungen Herzens las.

Canto auf die Reise als Rezept

Ich kann dich nicht sagen, doch kann ich dich reisen.
Reisen. Nur das grüne, verschwitzte Leder, rauchsauer, ist da, das Abteil eng im Geviert, unter dir die hart rasenden Räder. Größte Zieleile, keine und alle Zeit und nichts tun. Die Landschaft bestreicht dich vage, viele Orte, Dörfer, auch Städte, Tag und Nacht werden verschenkt und verschleudert. Gepäck ist wenig bei dir und überm Kopf im Gepäcknetz, die Kleider kleben, das schweißt sich alles ein in die Haut, nur du bist noch da, heiß und kalt und beschlagen von Dingen. Das ist nun irgendein Abend, ein Himmel (wenn's lange dauert), die Sprachen wechseln. Etwas rauchen, etwas essen, nicht viel, der Magen krampft genau so, wie die Kleider schrumpfen, die längst kein Objekt der Pflege mehr sind, nur verschwitzte Haut, die Gedanken irren auch, die Erinnerung mischt sich, das wirbelt zusammen, hämmert, schleicht, trübt und welscht, das wird nicht mehr reden und schwatzen, das wird wenig und mehr; ein Bedürfnis melden, eine Frage tun, eine Auskunft geben, ein Brot herschenken, einen Schluck kriegen, eine Hand reichen, einen Kopf anlehnen, eine Schulter anbieten. Wenn's lang genug dauert, bist du herrlich leicht, Abend ist Abend, kalt ist kalt, Sonne ist Sonne, Hunger ist Hunger und nicht Ravioli oder Sauce Béarnaise. Das ist nicht mehr Langeweile oder Ungeduld. Das wird ein Zustand, licht und ernst, während die Räder rasen

Stahl auf Stahl. Das wird ein Freiraum, dieweil du mit der metallenen Flanke der Zugschlange Länder bestreichst. Das ist der Freiraum, das fliegende Zimmer, das wird ein Platz, der dein ist und frei ist. Da spürst du deinen Leib, der kein Kleiderständer mehr ist, da spürst du die Knochen. Da fliegen die Schalen, da schält sich der Apfel von selbst. Da bist du draußen, die Welt hast du und bist nicht ihr Sklave. Da hockt sich vielleicht dein Bruder zu dir, da kannst du dir mal gegenübersitzen, kannst gar nicht anders, da steigt etwas hoch, unverkleidet und ungeschminkt, da kannst du dich hintragen. Da fällt dir was zu. Die Glieder gebunden, die Sinne verstrickt in Bewegung und rollendes Land, man hat's und kann's nicht erreichen, da bleibt und kommt, was man wirklich hat, steigt hoch, steigt ein ins fliegende Zimmer, setzt sich hin, guten Tag, Aug in Aug, du hast's gehabt. Kannst's vergessen, es ist. In einer Landschaft, bei Port-Bou? Kann mich nicht erinnern, ist aber, hatte sich hingesetzt, hatte sich abgesetzt, ist wieder abgetreten, hast ihm gegenübergesessen, in einem fliegenden Zimmer, wo man nichts tun kann; ist gut. Die Reise hat's hingeführt, es ist eingetreten. Auf der Reise.

Dem das nichts sagt (für den sei es rekapituliert):
Man scheidet nicht aus dem Leben, man wird aus der aufopfernden Arbeit der Einführung des Lochkartensystems im Zweighaus der Milch-und-Schwamm GmbH abberufen, der man seine besten Kräfte geschenkt hat, man war auch ein guter Kollege, ein loyaler Chef und pflichterfüllter Untergebener. Das Leben besteht aus Hauptsachen.

Man schaut nicht in den Himmel, wie wir wissen, sondern in den Zenit des Torfverwertungsunternehmens Gallhagen beispielsweise, unter dessen Gewölbe man sitzt, man schaut nicht in den Mittag, sondern aufs Plakat »Wir lieben Maggi-Würze« in der Mittagstrambahn, nicht in die Zukunft, sondern auf den Termin. Man stirbt, um endlich ewig zu leben.
Man lebt in Hauptsachen. Hauptsache neben Hauptsache, die Hauptsachen sind grau, wuchtig und voluminös, jede Stadt hat Städte von Hauptsachen. Haupt in Haupt und Sache in Sache geschachtelt. Hier Hauptsache, grau, wuchtig und voluminös, und da Hauptsache, grau, wuchtig und voluminös, und drin immer kleinere und darüber immer größere, das Leben ist versacht und verschachtelt, ein jeder weiß es. Und dazwischen der Zwischenraum, und der ist genau. In den Hauptsachen und Zwischenräumen zwischendurch lebt der Mensch. Er entstirbt der Hauptsache und dem schlimmeren Zwischenraum, um endlich ewig zu leben.

Ich entreise, um dich zu erreisen.
Letztes Jahr erreiste ich mit Hoehme Maria. Poupée à composer. Das ging so. (Nachtrag zum Sichergehn: Graue Hauptsachen und beißenden Zwischenraum mag's überall geben in dieser Welt. Aber wenn wir fahren, einmal fahren mit bloß angenommenem, beliebig steckbarem Ziel – vielleicht entfällt's auf der Reise –, schnell fahren, dann wächst das zusammen – hier mein Rezept –, wird zur Landschaft, scheint Landschaft. Ist schon besser, wir müssen sie uns ja nicht ansehn, wir fühlen sie so, mit den Haaren gleich-

sam. Abend, Städte, Regen, Ebene, Wasser. Und wir reisen ja nicht, um Städte zu sehn, ihre Bauten, ihre Menschen und Gebräuche und die Kunde der Gebräuche in den Museen. Wir reisen, um im fliegenden Zimmer zu sein.)
Doch zurück zu Maria, vorerst zu Hoehme.
Morgen und aus Rom hinaus den Bergen zu. Ein Weitevorrat an Himmel, ein blaues Weiß, gelb gebrochen, spielt keine Rolle, ein Laderampendarüber von einem Himmel, ein ungepflegter und ungefaßter Himmel von einem blauen Weiß, das ins Gelbe schielt, zügig, erfrischend, süffig, unter dem wir fahren; Hoehme prescht den breiten Kühlervorbau da hinein, tastet an den Knöpfen, und nun kommt auf dünnem Faden Musik da heraus, die den Kühlervorbau noch weit ungehemmter preschen läßt, und die Musik lassen wir überall als Fahne zurück, nicht als Fahne, als Mähne: unsere Mähne. Sie wiehert hinterher und fetzt in den Himmel, der so hell, weiß, kalt und doch gelblich warm angeschmutzt und weit und flüssig und unbeachtet ist, wie er über Laderampen, wo Leute schuften und seiner nicht achten, erst frei werden kann. Wir jagen da hinein, es ist früh, wenig Leute, wenig Verkehr, Land selbstbelassen.
Die wiehernde Mähne hinter verlassenen Meterstükken, ein tolles Glück! Wäsche, in den Wind gehängt, Spuren, verschleudert. Und eine Lust ist's, das Land zu mißachten, da ja keine Zeit ist. Verschenktes Land, aus dem preschenden Wagen geschleudert. Sandhügel, Peststädtekegel, graubraunkühl in kommender Hitze. Riesenameisenkunst und Zeltstädte aus Sand sind's, in die wir kurvend verschwinden. Aber nur Tanksäulen

und ihr Glasflitterbestand und nur glitzernde Bars sind unsere Realien, in Abständen unsere Staketen. Aber noch ist es flach, und Himmel, immer gelber verschmutzt, und verflimmernder Boden ist vor uns im Morgen. Wir fahren da hinein und bleiben distant und fahren und preschen und sind immer davor, ein Spiegelfechten ist's, ein dauerndes jubelndes Grenzebedrängen, Schlittschuhlaufen am Scheibenrand. Ein rasendes Bleiben mit weitem Ausholen aller Glieder auf jenen Mond zu, den wir im Himmel nicht sehen können, der aber nah ist nach unseren Karten und den Meldungen unserer Geräte, und je näher das Mondziel, je dinglicher seine Ahnung, desto kleiner, härter die Rampe, auf der wir fahren, mit preschendem Kühlervorbau, mit wiehernd sich selbstzerfetzender Mähne einer Radiomusik, die unsere schmale Rute uns einfängt von einer fröhlichen Station.

Morgengymnastik: Spiegelfechten im Wagen auf Erdrampenrand im Spiegel der Mondwelt von morgen, die schon nah ist, wenn auch noch nicht sichtbar. Nur das: die klein gewordene Scheibe ausmessen, solang sie's noch wert ist. Ein rasendes Tennis mit dem Horizont, ein sinnloses Gefuchtel, immer nah und zurück, Rudern, uns bemerkbar machen unter dem schön geschwungenen, nun lächerlich elegant kringelnden, verfedernden Gewölk eines immer noch flüssigen Himmels. Und dann hineinverschwinden, wenn wir's müde sind, zwischen die Kegel der sandbraunen Berge, der Zeltstädtehügel, der hitzegrauklaren Berge vor Siena im Mittag. Einen Tanz, eine Figur, eine Figur da hineinleben, das Ansätzchen einer Figur, den Impetusculus zum Ansatz einer Figur. Leben. Hineinhängen da wie Wäsche direkt in den Wind ohne Leine.

Denn die Nacht vorher hatte ich Maria getroffen. Maria sulle gambe di bambola. Maria, poupée à composer et à décomposer. Maria getroffen. Trug hochgetürmtes Honighaar über rotem Ledermantel, und ihr Gang – sulle gambe di bambola. Schon im Taxi begann's, in den tiefen Ledern der Droschke, dauerte fort bis zum Frühstück anderen Tags im Hinterraum einer Bar Nähe Traforo, nur unterbrochen vom Gang zum Friseur, nach dem sie zurückkam, neu, strahlend, herrlich gemalt, die Augen so groß in den schwarzen Strichen, das Honighaar so hoch. Kam noch ein Tag, wieder mit Taxe, Hotel, aber ohne Frühstück. Denn Hoehme wartete schon, und wir sollten fahren.
Fuhren, wie beschrieben. Aber Maria? War mir entgangen. Wie alles, was man verlebt – meist entgeht's in die Sachen. In irgendeiner Hauptsache, über der sich immer andere Sachen schachteln, verkrümelt's. Und war doch einmalig und Wunder, die Laterne war angegangen, die erleuchtete, so weit ihr Schein reichte, die Welt, eine ganze begeisterte Welt ohne Sachen, erfüllt und bebend von Vorhandensein, und die Ozeane des Schweigens, die Ozeangräben, die vom Wunder abhielten. Verlebt. Und die Sachen schachteln sich wieder.
Dies Leben hat seine Stockwerke von Ehrbegriffen, sein Riesengefängnissystem von Ehren und Pflichten. Das ist ein riesiges Warenhaus, die Warennamen zusammenzudenken ist nur Gott möglich, und das

Warenhaus ist ausverkauft. In jeder Zelle schmachten schwarzgekleidete Bürokreaturen unter bizarren Regeln und Namen, von jeder Regel und jedem Namen geht ein Kettchen an den Gürtel der Kreatur, und die Kettchen und Namen führen sie in stumpfen Schrittchen über quadrierte Fliesen. Und die in diesen Namen und Regeln leben, an dieser Namen und Regeln Kettchen gehn, sollen denken: das ist das Leben – es ist nicht wiederzuerkennen in dem Ausverkauf. In winzigen Notvorräten, kleinsten Portionen wird das Leben ausgegeben, die Schächtelchen türmen sich zum Himmel. Aber alle Schächtelchen sind mit Rotstift bemalt, und neben jeder Aufschrift steht »Hauptsache« geschrieben. Und das will sagen, daß jede Schachtel es ernst meint, sich als Lebenszweck ausgibt und Gehorsam fordert.

Phantastischer Block, phantastische Stätte der Verwechslung und der Lügensperren, in diesen Parzellen wollen wir gar nicht zu laufen und steigen beginnen, das soll sich selber auslügen, das soll sich selber aussperren, das ist ein Riesengewucher von Miniaturunsinn, das hat kein Körnchen Wirklichkeit, das System, da bleiben wir draußen, nur draußen kann man noch in etwas drin sein. Da fahren wir mit dem Zug durch oder mit dem Wagen so schnell, bis das wie Landschaft aussieht und wie Städte in Landschaft. Entfliehen kann man anders nicht, das Schachtelsystem ist weltverbreitet. Da sind Schemengestalten wie Fährmänner und ziehn Hebel, dann wird's in allen Schachteln angstgrau, und den andern Hebel, dann wird's rosenrötlich oder eitergelb, und aus allen Mikrophonen tönt der gleiche Satz.

Wir fuhren schnell, wir ließen die Sachen zusammenwachsen mit Tag und mit Himmel, wir erfuhren die Landschaftsillusion. Und während wir fuhren, siehe da: Maria erstand.

Der Zug, Räderstöße und rüttelndes Bankgestänge, das saure Leder, die fliegende Erde, Halt und zitternd dröhnendes Immervoran, die wandernde Dunkelheit, die wechselnde Sprache, der Happen da und die Flasche dort, der Wortwechsel, Gepferchtwerden und dann wieder Herr im Abteil und immer das Dröhnen und keine Zeit und die Pfütze Stille in diesem KeineZeit: das spielt mit deinen Gliedern, nimmt dir die Glieder ab und Gefühle, beschäftigt die Sinne, schüttelt dein Gebein, gibst das ab und tauschst die leichteste Stille ganz innen – und der Wagen, das Einbrechen der kalten Luft, wenn man die Scheibe runterdreht, die Woge Flachland und die Bedrängung Stadt und wieder Wellen Hügel und dunkel wird's, Lichter, nun Regen, die Scheibenwischer, und zurücksinken, wenn der andere fährt, und die ausgestreckten Füße stoßen in den Stoß der Motoren, oh und die Wirbel aus Nimben des Kopfes und der kleine Freiraum, leergefegte Freiraum, der echt ist um die Stirn; dies kleine Reine im rasenden Intérieur, da steigt Maria ein, da ist auf einmal das Schwingen der Stimme wie im Traubeninnern, da ist der Blick, wie vom Leuchtturm fallend, und alles gruppiert sich von selbst darum für ein Atemanhalten, weil du frei bist, während Wagen oder Zug eilen, rasen, drängen oder's nur dröhnt und summt, weiß nicht wo, nicht wohin, still ist's, weil's lärmt, drin bist, weil du ausfällst, da geschieht's: ein Ganzes rückt ein um den Blick, um die Hand, Menschenhand, Mariahand, die vielleicht sagt »come sto bene con te«, und die dunkelroten, so glattschmalrunden Nägel auf der weichen Hand sind da, sind auf dem Tischchen, wo gegenüber einer so süß intoniert auf Piano, das Pflaster spürst du draußen, das Deckelgewölbe, den Fall des einzelnen Blattes ganz genau dem bräunlichen Asphalt entgegen, die Mauer, die Art, wie es jetzt leiert von der spätnächtlichen Straße vor dem einzelnen offenen Lokal, alles, den Moment hereinstürzend in den Moment einer kleinen beliebig sich anzündenden Laterne in einem Lokal, entzündet durch Fremde, Mann und Frau, die grade nichts sagen, weil sie's haben: eine Sekunde lang die Welt, eine ganze begeisterte Welt, haben. Steigt auf im Wagen, der rast, oder im Zug, der rüttelt und rast. Rückt ein, wenn du dich aufs Rad flichst, Rad der Bewegung, um endlich Stille zu haben. Ist da, Aug in Aug, guten Tag.

Mit Hoehme ging's oben in Regen, der Fluß war geschwollen, über eine Brücke kroch Wasser, spritzte von den nun langsam rollenden Rädern, wir waren's müde, viel Gegenverkehr und die Scheibenwischer lästig, und fuhren doch noch bis Garda. Hotelchen im Begriffe zu schließen, Saisonschluß, deshalb kaum noch Personal, was schön war, weil uns der Wirt selber dann im privatleeren Haus den Wein brachte zum Kamin, kalt war's auch, während wir doch morgens bei Hitze ausgefahren, hübsch alles, nicht ganz ernst zu nehmen, aber doch grad genügend hübsch, auch weil man im Begriff stand, das alles zu schließen. Ich lieh ihm ein wenig Maria, nur ganz wenig, er war ja nicht mit unter der Laterne, nur so, daß er an mir am Kamin und ich an ihm am Kamin ein wenig teilhatte. Zum Lachen anderntags waren die japanisch gepuderten Berge, Schnee, und dann die Schneegebirge auf den Verdecks der uns entgegenfahrenden Wagen in Österreich. Die Rute fing uns nun deutsche Stationen ein, es ging um das Leben der Vögelchen im Winter, mit Liebe und Unverstand, denn wir wußten's anders, hatten sie verzehrt in Verona mit Polenta, und die Leute waren nicht weniger gut gewesen, nicht einmal in bezug auf die Vögel. Winter war's jetzt, kalt, zwischen Regen und Schnee, und müde sein durften wir nun ruhig, würden's tun in München, ausgiebig, wie wir es kommen sahen.

Vincent van Gogh

Am Anfang dieser Künstlervita steht nicht die Begabung, auch keine auffallende Neigung zu künstlerischem Tun, ja nicht einmal ein gewisses Geschick. Am Anfang steht die bare Unmöglichkeit; die Aussichtslosigkeit, sich als Zeichner zu verwirklichen, auf Grund einer nur zu deutlichen Ungeschicklichkeit, ja Begriffsstutzigkeit, darüberhinaus eine Unmöglichkeit zum Leben. Der in verschiedenen Anläufen in einer bürgerlichen Existenz gescheiterte Vincent greift zum Zeichenstift wie der Ertrinkende zum Strohhalm. Der Zeichenstift wird für den Isolierten zum einzig verbleibenden Instrument menschlichen Partizipierens, Kommunizierens; zum sozialen Handeln überhaupt. Nicht die sogenannte Berufung zum Künstler, sondern die bis zum Grade der Erstarrung empfundene Vereinzelung, das schmerzliche Eingeständnis der eigenen Nutzlosigkeit, die schiere Anpassungsunfähigkeit an die herrschenden Verhältnisse und deren Konventionen lassen den bereits siebenundzwanzigjährigen Vincent van Gogh in einem wahren Verzweiflungsakt seinen Weg wählen.

Das ist die Prädisposition oder Motivation; allerdings sind sie in diesem Falle gepaart mit Charaktereigenschaften, die das fehlende Talent, wenn nicht aufheben, so doch relativieren. Er macht sich mit ungeheurer Energie, ja Starrköpfigkeit ans Werk, mit Willenskraft und einer Opferbereitschaft über die Grenzen des Belastbaren hinaus. Vor allem aber ist da von Anfang an eine Gabe (oder Veranlagung) des Mitlei-

dens mit Mensch und Kreatur, ein Drang zu Anteilnahme und Mitteilung. So wie der Drang nach menschlicher Verbundenheit für ihn grundlegend ist, wird er bestimmend sein für sein Werk.
Nochmals: der Ausgangspunkt ist unkünstlerisch, das Unternehmen eine Existenzfrage; auf Gedeih und Verderb, auf Leben und Tod.
Da ist also von Anfang an dieser Drang nach »sozialem Nutzbringen«.
Der Drang drückt sich beim Heranwachsenden vorerst in einem übersteigerten Familiengefühl und einer auffallenden Teilnahmefähigkeit aus. Zum stark entwickelten sozialen Bewußtsein gehört das gleichermaßen in der Veranlagung verankerte Bedürfnis nach einer ethischen Überhöhung des Daseins. Das Leben kann seinen Sinn nur im Hinblick auf ein höheres Ziel – dies im Sinne einer Gottesgefolgschaft, mindestens Gottes*kindschaft* – finden. Solche Züge sind im Wesen des ganz jungen Menschen axiomatisch enthalten. Sie sind christliches Erbteil seiner Herkunft.
Vincent stammt aus einem strenggläubigen Pfarrhaus. Doch in der Familie gibt es seit je neben Pastoren auch Kunsthändler; drei seiner Onkel sind es, und insbesondere sein Patenonkel hat sich in diesem Beruf profiliert. Neben dem christlichen Denken gehört zur Stubenluft des Milieus die Liebe zur Kunst, so ist es nicht abwegig, daß er als Kunsthandlungslehrling debütiert.
Er tritt in die Haager Filiale der Firma Goupil & Cie ein, deren Hauptsitz in Paris und deren Teilhaber sein Patenonkel Vincent ist, ein im Kunsthandel reich gewordener Mann.

Er tritt seine Lehrzeit mit sechzehn an, munter, erfolgversprechend, geradezu lebenslustig. Eine Quelle der Lebenslust ist seine Naturliebe, die sich in langen Spaziergängen und schwärmerischen Briefbeschreibungen darüber äußert und seinen Grundeigenschaften zuzuzählen ist. So fröhlich beginnt dieses außerordentliche Leben.
Zur Weiterbildung versetzt man ihn in Goupils englische Filiale nach London. Er lernt englisch, liest englische Literatur, lernt die englische Kunst kennen. Er kleidet sich gut, trägt einen Zylinder. Zur Untermiete wohnt er bei einer Mrs. Loyer, der Witwe eines Pfarrers aus Südfrankreich, die mit ihrer Tochter Ursula eine Art Kindergarten betreibt. Er verliebt sich in die Tochter des Hauses – und wird abgewiesen.
Die Zurückweisung hat verheerende, katastrophale, ganz und gar lebenwendende Folgen. Die Wirkung ist so, als sei er aus der menschlichen Gesellschaft ausgestoßen worden. Von Stund an ist er verändert, wird über Nacht zum Sonderling, eigenbrötlerisch, grüblerisch, aufsässig, ungenießbar. Vor allem aber: lebensabgewandt, glücksunfähig. Er stellt sein Leben unter den Leitsatz: »Wir sind nicht auf Erden, um glücklich zu sein, sondern um unser Glück zu verdienen.« Er vertieft sich in die Bibel, in alle erreichbaren religiösen Schriften. Er muß seine Lebensauffassungen überprüfen. Kunst, Literatur, die er um ihrer selbst willen geliebt hatte, verbietet er sich. Er verbietet sich jede Art von Genuß, selbst der Naturgenuß fällt unter das Verdikt. Tendenzen zur Kasteiung. In Kunst und Literatur läßt er nur mehr gelten, was von christlicher Nächstenliebe und Selbstaufgabe handelt. Sein Lieb-

lingsspruch, er stammt von Ernest Renan, neben Michelet einer der meistzitierten Autoren seiner frühen Jahre, lautet:
»Um in der Welt tätig zu wirken, muß man sich selbst absterben; das Volk, das sich zum Verbreiter eines religiösen Gedankens macht, hat kein anderes Vaterland mehr als diesen Gedanken. Der Mensch ist nicht auf Erden, nur um glücklich zu sein, er ist nicht einmal hier, um schlechthin anständig zu sein. Er ist hier, um für die Gesellschaft große Dinge zu vollbringen, um Seelengröße zu erlangen und die Gemeinheit hinter sich zu lassen, in der sich das Dasein fast aller Menschen hinschleppt.«
Die Abweisung durch Ursula Loyer, seine erste Liebe, ist der Stoß, der ihn aus der Bahn und ganz und gar auf sich selbst geworfen hat.
Als Kunsthandlungsgehilfe ist er fortan ein unbequemer, ja unverträglicher Angestellter; ein Eiferer, Sektierer, Bekehrer am falschen Platz. Die Verantwortlichen aus Geschäft und Verwandtschaft verschreiben ihm einen Ortswechsel: er wird wieder nach Paris versetzt – und bald darauf entlassen. Das kann ihm nur recht sein, denn nun scheint ihm sein Weg vorgezeichnet: er will im Beruf dem Vater nachfolgen, mehr: er wird die Nachfolge Christi antreten.
Zunächst kehrt er noch einmal nach England zurück, um da einem Methodistenprediger, Leiter eines kleinen Internats in der Küstenstadt Ramsgate (Grafschaft Kent), gegen Kost und Logis als Hilfslehrer an die Hand zu gehen. Die Schüler rekrutieren sich aus armen Londoner Familien. Die Stelle hat er über eine Anzeige gefunden. Zu den Pflichten des Hilfslehrers

gehört das Einkassieren rückständiger Schulgelder, was ihn auf langen Märschen in die Londoner Armenviertel führt. Diese Gehülfentätigkeit dauert kein Jahr, sie ist eine Art Vorpraktikum für die eigentliche Berufsausbildung. Er kehrt nach Holland zurück, um sich ernsthaft auf die Aufnahmeprüfung an die theologische Fakultät vorzubereiten. In Amsterdam, wo ihm ein anderer Onkel, Konteradmiral a. D., eine Dachkammer anbietet, sucht er im Privatunterricht das schulisch Versäumte nachzuholen, darunter hauptsächlich die alten Sprachen. Er ist kein guter Schüler, schon darum nicht, weil er viel zu sehr vom Eigentlichen, von der Lehre Christi, absorbiert, von christlicher Literatur abgelenkt ist. Er fertigt eine Landkarte an, die die Reisen des Apostels Paulus nachzeichnet; er stellt eine Liste auf mit den biblischen Gleichnissen und Wundern, chronologisch geordnet. Das Erlernen von trockenem Schulstoff wird für den nach praktischem Einsatz, nach Bewährung dürstenden Vierundzwanzigjährigen eine Pein. Er arbeitet sich krank, Nachtarbeit ist die Regel, sonntags besucht er an die sechs bis sieben Kirchen und Zusammenkünfte, darunter auch die Synagoge. »Wie sehr sein Nervensystem überreizt war, beweist, daß er einmal in den Kollektenbeutel seine silberne Uhr, ein ander Mal seine Handschuhe hineinwarf«, berichtet eine seiner Schwestern. Nach etwas mehr als einem Jahr gibt er auf zu Gunsten eines Schnellverfahrens: er bezieht in Brüssel eine Missionsschule, um sich in einem dreimonatigen Kursus auf den praktischen Einsatz als Evangelist und Prediger vorzubereiten. Diesen Kursus besteht er, erhält aber vorerst keine Anstellung, angeblich weil er nicht frei zu sprechen imstande sei, vor allem aber darum, weil er Unterordnung ablehnt. So erteilt man ihm lediglich die Erlaubnis zu einer (freiwilligen) unentgeltlichen Probezeit auf drei Monate. Er begibt sich ins Borinage, einen belgischen Kohlebergwerksdistrikt, wo er sich im Erteilen von Bibelstunden und in Krankenbesuchen üben kann. Im Januar 1879 wird er dann auf sechs Monate angestellt, wiederum probeweise, danach aber wird seine Arbeitszeit nicht verlängert. Er wird, weil er durch eine allzu wörtlich genommene Interpretation seines christlich-evangelistischen Auftrags maßlos übertrieben und sich in den Augen der Behörde unmöglich gemacht hat, entlassen.

Er ist jetzt ein Versager durch und durch, brotlos, unterstützungsbedürftig durch die Familie, ein mißratenes Subjekt. Die Kirche, Christi Statthalterschaft auf Erden, hat ihn verstoßen, die Familie betrachtet ihn als verlorenen Sohn und unnützen Querulanten. Die Gesellschaft hat für ihn keine Verwendung. So ist er nun wirklich ein Ausgestoßener, und dies nicht nur subjektivem Erleben nach. Am meisten zählt wohl, daß er in seinem Grundverlangen – nach ausgelebter Brüderlichkeit – verhindert ist, zählt die grauenhafte Isolation.

Er nimmt an diesem Tiefstpunkt seines bisherigen Lebens das Zeichnen auf. Er hat als Kind nicht ungern gezeichnet, und auch später hat er immer wieder kleine Skizzen angefertigt; aber von Begabung oder gar Berufung kann keine Rede sein. Das Zeichnen ohne alle handwerklichen Voraussetzungen, wahrhaft dilettantisch, ohne jede Ahnung von Anatomie und

Perspektive, ist ein sprachloses Buchstabieren, ein Kaspar Hausersches Stammeln: ein Versuch, die Wirklichkeit zu erbetteln.

Die Tätigkeit des Zeichnens hat für ihn vom allerersten Anfang an doppelte Bedeutung. Es ist eine Art Überlebensgarantie, insofern als er die tödliche Isolation bis zu einem gewissen Grade aufheben kann; er ist an die »Kunst« angeschlossen wie an ein Beatmungsgerät. Kunst als Lebensanschluß. Zum andern soll die Kunst von Anbeginn an auch Sprachrohr für andere Arme werden. Denn er wird auch jetzt als Zeichner von seinem Anspruch als Erweckungsprediger nicht ablassen.

Er möchte nicht weniger als retten: eine kalt gewordene tote, eine gottesferne und inhumane, erbarmungswürdige Menschenwelt retten oder doch beleben, wiederbeleben und wenn auch nicht anders, so doch auf dem Papier mit seinem Stift. Kunst als Wiederbelebung. Bald schon beginnt er seine traurigen Erfahrungen in gesellschaftlichen Zusammenhängen zu sehen. Er wird Inhumanität mit Versachlichung des Daseins, mit Warendenken, Ausbeutung, mit Klassenunterschieden zusammenbringen. Denn inzwischen ist ihm bewußt geworden, daß es nicht an ihm allein liegen kann, wenn er überall anstößt mit seinem radikalen Lebensanspruch; daß es nicht an ihm liegen kann, wenn ihm die Verhältnisse entmenscht vorkommen, das Dasein entgöttert; daß es an der Gesellschaft liegt, die krank oder absteigend, vielleicht gar zum Tode verurteilt sein muß, wenn sie in Institutionen von unmenschlicher (ausbeuterischer) Art erstarrt und, alles in allem, verlogen ist. Er nimmt

Abstand von dieser Gesellschaft mitsamt ihrer falschen Moral, ihren fragwürdigen Werten und sucht Trost bei milderen Meistern und Geistern, bei Meistern der Literatur und der Kunst, bei einem Shakespeare, einem Rembrandt, bei Millet und Delacroix – wobei allerdings die Christusgestalt bis zuletzt von zentraler Bedeutung bleiben wird.

Gegen das Lebendigtotsein wollte der Anfänger (in Sachen Kunst) antreten mit dem Instrument seiner noch kaum lebensfähigen Zeichnung. Kunst als Selbstrettung *und* als Verkündigung – soviel, vorerst, zur »Funktion der Kunst« in Vincents einsamem Fall und Verständnis.

Es folgen die Lehrjahre. Nach einem kurzen Besuch an der Brüsseler Akademie sucht er, auch aus Geldgründen, Zuflucht im elterlichen Pfarrhaus, das sich damals in *Etten* befand, um sich vor der Natur zu bilden. Dieser Anfang fällt in die Zeit von April bis Dezember 1881. An diesen Landaufenthalt schließt sich die Zeit im *Haag* an.

Der einzige Vorzug in dieser Anfängerzeit ist seine Gabe der Hineinversetzung (in seinen Gegenstand), der Identifikation, getrieben vom Mitleiden. Sein Gegenstand: Verlorene, Randexistenzen, Unterproletariat also; und Arbeiter.

Und was bringt die erste Lehrzeit künstlerisch ein? Jammergestalten, Geduckte, Gezeichnete. Sein Stift fängt Leblose auf, die allerdings in ihrem armseligen Zustand eine Art stillschweigende Hoffnung auf Erlösung manifestieren, oder doch: *Aussicht* auf einen Erlösungsanspruch. Das geht nicht nur aus den Briefen hervor, es kommt auch formal zum Ausdruck, in den Horizonten nämlich, einer spezifischen Horizont-Erzwingung, sowohl in den Landschafts- wie in den Figurenzeichnungen. Bei den Figuren – denaturierten Kreaturen – beschwören die Konturen des Elends auf den Blättern jeweils einen oberen Raum der Ergänzung, einen Lichtblickraum, wo eine Hoffnung sich mitteilt. Sie werden unter einem Horizont gekrümmt, der als Entsprechung zum Unteren einen über sie hinausweisenden Raum heraufbeschwört. Eindeutiger kommt es in den Blättern mit Stadt- bzw. Vorstadtansichten zur Geltung, wo sich das erbärmliche Unten der Baracken und Schrebergartensiedlungen in gewalttätigen Sehnsuchtslinien den Himmel oder das Unendliche erzwingt.

Den Haag: das ist der angestrengte Versuch, zeichnerisch der menschlichen Wirklichkeit habhaft zu werden, aber der Ertrag ist deprimierend in seiner Beinernheit, der Natur- und Lebensferne, dem schleichenden Tod. Einesteils ist da natürlich auch die Inkongruenz zwischen praktisch-technischem Können und hochgestecktem (philosophischem, religiösem) Wollen mitbeteiligt. Zum andern sind es die Augen des selber bis zum Grade der Entmenschung Geduckten, der solches sieht und sich zur Traurigkeit hingezogen fühlt. Aber es genügt ihm nicht.

Was er bisher als *Bild des Menschen* zutage gefördert hatte, gleicht bestenfalls einer »âme en peine«, einer Seele im Fegfeuer; der künstlerische Niederschlag ist von peinvoller Dürre, darin sind sich Theo (der den Bruder materiell am Leben erhält) und Vincent einig. Dieser sieht und nennt zwei Ursachen. Einmal ist sein eigener erschöpfter Zustand daran schuld. Er ist halbtot, weil er mit dem wenigen, das der Bruder vom eigenen nicht allzu üppigen Gehilfensalär (im Pariser Kunsthandel) abzweigt und ihm monatlich zukommen läßt, nicht nur für Farben und sonstiges Malmaterial, sondern auch noch für den Unterhalt seiner »Familie« auskommen muß – Vincent hat eine ehemalige Hure mit zwei Kindern bei sich aufgenommen –; das bedeutet für ihn nur zu oft Hungern und verträgt sich schlecht mit der maßlosen körperlichen und geistigen Verausgabung. Die andere Ursache für seinen künstlerischen Mangel sieht er im Gesellschaftlichen. Was ihn, sowohl als Vorlage wie als Adressat, interessiert: die Armen und Arbeiter, gehört ja zum verelendeten Industrieproletariat. Er kann von ihnen nicht mehr zehren – ebensowenig wie er sie umzudeuten vermag. Das Bild des Erbarmens genügt jedoch seinen höheren Absichten nicht. Er versteht sich als Volksmaler, als Maler aus dem Volk und für das Volk; als solcher möchte er einen lebensfähigen zukunftsvollen, nicht degenerierten Menschen erschaffen. Darum muß er sich aus dem Armutsmilieu, dessen Lebensbedingungen er teilt, ausbürgern. Die Stadt ist für ihn ohnehin Synonym für Notstand, Untergang, Schlechtigkeit, Unnatur. Er muß jetzt in die Natur, er muß sich selber erneuern, wenn er weiterkommen will. Sobald dieser Entschluß gefaßt ist, wird er sich auch von seiner »Familie« trennen. Angsichts der eigenen Stagnation wählt er – schweren Herzens – den Bruch mit der Gefährtin.

Im September 1883, nach annähernd zweijähriger Lehrzeit im Haag, zieht er fluchtartig aufs Land, nach *Drenthe*, einer Gegend, die damals noch wenig urbar

gemacht war und in der der Kleinbauer ein ärmliches Dasein fristete. Der an ausgiebigen Streifzügen reiche Aufenthalt dauert nur wenige Monate und war eine Zeit der Läuterung. Die Quintessenz besteht etwa in den folgenden Gedankengängen:
Wenn man wachsen, das heißt, Mensch werden will, dann muß man sich von üblen gesellschaftlichen Verhältnissen lösen, muß sich entwurzeln, um anderswo Wurzeln zu schlagen. Die gesellschaftlichen Verhältnisse sieht er als unrettbar dem Untergang geweiht an. Da ist kein Sprießen, schreibt er dem Bruder, den er auch aufs Land locken will. ›Zur Natur zurück‹ lautet (vereinfacht) die Devise, und an diesen Entschluß knüpft sich die Hoffnung einer radikalen Neubegründung der eigenen Existenz. Er flieht eine alte verlorene Welt, um in sich selbst die Erneuerung zu betreiben in einem Reich von gleichsam geschichtsloser Frühe. Dort wird er den Geschöpfeszustand in sich reaktivieren, dort wird er gesunden. Eine Wiedergeburt soll es sein, so viel verspricht er sich von der ins Auge gefaßten Natur(heil)methode.
Es ist ein Pionierunternehmen. Er vergleicht es wortwörtlich dem Auslaufen der Puritaner auf der Mayflower – aus einer alten in eine neue Welt. »Sie schlugen Wälder, wir würden es in der Kunst suchen müssen.« An den Puritanern aus Cromwells Zeiten fesselt ihn besonders deren Tatdenken. Ist einmal eine Richtung gewiesen, dann gilt es, nicht zu grübeln, sondern zu handeln – zäh, mit Ochsengeduld, mit Vertrauen in die Metamorphosenkraft der eigenen Natur. In seinem Falle ist das Handeln künstlerischer Art, eine dem Pflügen und Ackern vergleichbare Arbeit und

zwar mit dem Hebel der künstlerischen Intuition.
Mit diesem »Gerät« gilt es, sich den Naturgründen
entgegenzuwühlen, von denen er sich Rettung verspricht.

»Sage ich das etwa, weil ich Kultur oder dergleichen
verachte? Im Gegenteil, gerade weil ich das echt
Menschliche, das Leben *mit der Natur und Kultur* im
Auge habe und respektiere.«

Fast wäre es bei dieser Frage, die für Vincent die
Bedeutung einer Barrikadenentscheidung annimmt,
zur Entzweiung zwischen den Brüdern gekommen.
Man kann nicht gleichzeitig auf beiden Seiten der
Barrikade stehen, also kann man auch nicht über die
Barrikade hin Bruder sein. Man hat Partei zu ergreifen, entweder für das konservative Prinzip oder für
das Prinzip einer neuen Gesellschaft, die bereits im
Aufbau begriffen ist. Es gibt das revolutionäre Prinzip, sagt er, und es gibt das andere, das überlebte,
refraktäre. Das ist der essentielle Ertrag seiner Expedition nach Drenthe, und mit dieser Erkenntnis und
Zielrichtung begibt er sich im Dezember 1883 von
neuem ins elterliche Pfarrhaus zurück, das sich nun
in *Nuenen*, Brabant, einer ebenfalls rückständigen
Gegend, befindet. Hier wird er nach dem Vorbild der
von ihm verehrten Maler der Schule von Barbizon
zum *Bauernmaler*.

Die zweijährige Nuener Periode hat – in Vincents
Vision – den Charakter und die Bedeutung einer
Expedition in eine Enklave menschlichen Urzustands,
um dort an Ort und Stelle die Verhältnisse zu studieren (oder das Geheimnis zu ergründen). Es ist ein
freiwilliges Rückschreiten in eine Frühstufe und ein

Wurzelfassen mit dem Instrument künstlerischer Assimilierungskraft. Das Freilegen einer verschütteten Kreatürlichkeit wird als Voraussetzung für eine echte Humanität (dies auch im Hinblick auf eine neue Gesellschaft) gewertet.

In der Brabanter Zeit findet er für seine Kunst, was er bisher vergebens gesucht hat: Belebung, Lebendigkeit, Lebensfähigkeit. Es sind prachtvoll primitive Gestalten, die da entstehen, Gestalten eines Halbmenschentums gewissermaßen, die noch an der Adamsrippe der Erde zu hängen scheinen. Sie *leben* – nicht zuletzt dank ihrer dem Boden, den Gründen zugewandten berserkerhaften Arbeit. Und das will er betonen und freilegen, das Tatdenken, dieses stummverbissene, auch dumpfe Pioniertum im Tätigsein. Er macht es frei mit dem Mittel der Verzeichnung, Übertreibung, Brutalisierung, aber der Gewinn liegt im Ausdruck, Ausdruck einer Lebendigkeit *und* Lebensfähigkeit, die sich packend mitteilt, obwohl oder besser, weil die Auffassung der Figur aller akademischen Richtigkeit spottet. Was hier mit künstlerischen Mitteln anvisiert wird, ist im tiefsten nicht weniger als eine Wiederholung der Genesis.

Dieses Dasein im Dunkel bestimmt auch die Palette, die erdfarben ist, bestenfalls »grüneseifeartig«, wie er es definiert.

In seiner neuen Figurenauffassung sieht er das wahrhaft Moderne, weil er so den Menschen hochgradig *belebt*, aber auch weil er, was sich in der alten Malerei nirgends findet, die Realität der Arbeit direkt zu evozieren versteht. Auch seine Palette ist bewußt so tief gestimmt, weil sie ein Dasein nicht nur an, son-

dern beinah unter der Erde fassen soll. In Nuenen ist er zum Maler geworden. Die Auseinandersetzung mit der Farbe, vor allem im Studium der Farbtheorien Delacroix', hat ihn intensiv beschäftigt; und künstlerisch weitergebracht.
Die Periode Nuenen ist ein Zurückschreiten *und* ein Vorstoß. Tief in die Vergangenheit zurückgewandt hat sich Vincent außerdem durch sein Studium der alten holländischen Meister – im Mittelpunkt Rembrandt und Frans Hals. Wie sehr er trotz seiner Dunkeltonigkeit am Phänomen Farbe interessiert war, zeigt der Bericht eines Zeugen: »Er verglich die Malkunst oft mit der Musik, und um ein noch besseres Verständnis von Wert und Abstufung der Töne zu bekommen, nahm er Klavierstunden bei einem alten Musiklehrer, der gleichzeitig Organist ... war. Das dauerte aber nicht lange, denn da van Gogh während der Stunde die Töne des Klaviers immer mit Preußischblau und Dunkelgrün oder dunklem Ocker bis zu hellem Cadmium verglich, dachte der gute Mann, er habe es mit einem Verrückten zu tun und bekam solche Angst vor ihm, daß er mit dem Stundengeben aufhörte.«
Die Aufhellung der Palette setzt schon in der darauffolgenden Periode in *Antwerpen* ein, wo Vincent, hungrig nach Kunst, nach dem Umgang mit Künstlern und, ja, Stadt- bzw. *Tag*leben, den Winter 1885/86 verbringt. Das wichtigste Ereignis dieser kurzen Übergangsphase ist zweifellos die Entdeckung der Japaner, der japanischen Holzschnitte oder »crepons«, die damals sogar auf Packpapier gedruckt im Umlauf waren.

Nach der im wahren Sinne als Grundlagenforschung einzuschätzenden Nuener Zeit ist er jetzt fähig, dem Taggeschehen, der fluktuierenden Passagenwirklichkeit standzuhalten mit seinem Stift und Pinsel, weil er jetzt stärker als vordem »frei«, das heißt, aus einem im Modellstudium erstarkten Vorstellungsvermögen heraus arbeiten kann. Er zeichnet schnell in einem neuartigen Skizzierverfahren. Zwar studiert er noch Akt an der Akademie, denn dazu hatte er bei den Brabanter Bauern und »Halbmenschen« keine Gelegenheit; er malt Blumen und sogar leichte Mädchen aus dem »Café dansant«. Dann zieht er, Februar 1886, nach *Paris*, um nochmals Akt nachzuholen und zwar im Atelier Cormon, wo er Emile Bernard und Toulouse-Lautrec begegnet.

Das entscheidende, geradezu schockartige Pariser Erlebnis muß die Bekanntschaft oder besser: der Zusammenprall mit den französischen Exponenten der Avantgarde gewesen sein – den Impressionisten vom Schlage eines Monet und Pissarro, den Neoimpressionisten oder Pointillisten Seurat und Signac und den Symbolisten oder Synthetisisten um Gauguin. Alle waren sie »am Licht«, und alle hatten sie, jeder auf seine Weise, den Japanismus schon hinter sich. Die Metropole als kulturelle Lokomotive! Der von neuen Ideen brodelnde Hexenkessel mit seinem Übermaß an Herausforderung muß auf den von einem langen einsamen Weg kommenden »Hinterwäldler« zündend und bedrohend, vor allem aber nervenaufreibend gewirkt haben: explosiv.

In Kürze macht Vincent den Schritt in diese damals vorderste Linie der modernen Kunst. Seine Palette hellt sich weiter auf, sein bereits in Antwerpen entwickelter Notierstrich nähert sich dem kleinteiligen Pinselhieb der Impressionisten, den Pointillismus verarbeitet er gewissermaßen im Vorübergehen – wenn auch seine Pinselschrift bei aller Spontaneität und neuen Kleinteiligkeit doch zeichnerisch, ja modellierend, körpererschaffend! und darüber hinaus mit Regungen einer ganz persönlichen Anteilnahme aufgeladen bleibt.

Er malt Blumen, Stilleben; Fabriklandschaften der Vorstadt ebenso wie Caféhäuser des Montmartre; Stadtlandschaft und freie Natur draußen vor der Stadt; und Selbstbildnisse, Porträts überhaupt, darunter dasjenige des Farbenhändlers und einst am Aufstand der Kommune beteiligten »Père Tanguy«, der den Künstler-Revolutionären Malmaterial gegen Bilder und immer eine offene Tür bietet. In dessen Bildnis hat Vincent einen ganzen Almanach von Gedanken eingearbeitet.

Es ist die einzige Zeit, da die Brüder Vincent und Theo zusammenleben. Unterhalb von Sacré Cœur, in der Rue Lepic, bewohnen sie eine Bürgerwohnung, die allmählich zum überladenen Bildermagazin verwildert. Theo leitet derzeit eine Kunsthandlung auf dem Boulevard Montmartre, in deren Soussol er die Bilder der Avantgardisten propagiert. Dieses Ladenuntergeschoß wird zu einer wahren Zelle der Revolutionäre, in deren Mitte Vincent nicht nur Zuhörer ist, sondern auf leidenschaftliche Weise seine Ideenfülle ausbreitet. Eine dieser Ideen betrifft die Gründung einer Künstlergenossenschaft, die zweierlei Zwecken dienen soll: einerseits zur finanziellen Unterstützung der Künstler und zwar insofern, als die Erträgnisse aus Bildverkäufen je nach Bedürftigkeit unter *alle* verteilt werden sollen; zum andern soll das Unternehmen in der Form eines ambulanten (und schließlich international expandierenden) »Jahrmarktunternehmens« die neuen Inhalte und mit ihnen Glück und Trost der impressionistischen Werke billig unters Volk bringen. Vincent möchte den Bruder dazu bewegen, seine Stellung als (kapitalistischer) »Tulpenhändler« (wie er ihn tituliert) aufzugeben, und der idealistischen Genossenschaft vorzustehen. Dieses neue Missionieren Vincents wird für den ohnedies schon überbeanspruchten Theo zur schweren Belastungsprobe. Einmal mehr steht den Brüdern Entzweiung bevor. Aber nicht nur darum kommt es zu Vincents Exodus aus Paris: das Großstadtleben hat ihn aufgerieben, und gewissermaßen über Nacht entschließt er sich, aufs Land zu fliehen, aber jetzt nicht mehr in den Norden zurück, sondern – wohl auf den Spuren des hochverehrten Meisters Monticelli – in den Süden Frankreichs. Erst wird Marseille anvisiert, dann einigen sich die Brüder auf Arles.

Vincent kommt im Februar 1888 in *Arles* an – und fühlt sich in Japan. Die erste Phase – bis zu seiner erstmaligen Hospitalisierung nach dem Besuch Gauguins – wird ihm zu einer gewaltigen Erntezeit; zu einer glücklichen Zeit. Er findet hier nicht nur *zur Farbe*, sondern zu einer Selbstverwirklichung, die ihn den Impressionismus und alle anderen neuen künstlerischen Positionen aus Paris aufs selbstverständlichste abstreifen läßt.

»Du weißt, warum ich in den Süden ging ... Ich wollte ein anderes Licht sehen und glaubte, daß man unter einem klaren Himmel die Natur besser versteht, sie ruhiger empfinden, wiedergeben und zeichnen kann. Schließlich wollte ich eine stärkere Sonne sehen, weil ich fühlte, daß ich, ohne dies zu kennen, nicht imstande wäre, die Technik Delacroix' zu verstehen, und sah, wie die Farben des Prismas im nordischen Nebel verschleiert sind.«

»Man darf Afrika nicht fern von sich haben, um die Farbe bis zum äußersten zu treiben.«

Was hatte er nach Arles mitgebracht? Die Fähigkeit, mit starken farbigen Konturen in der Bild*fläche* kompositorisch zu operieren; eine gewisse Neigung zum Dekorativen (die er auch in den Arbeiten Gauguins und Bernards findet); seine nur ihm eigene Pinselschrift (die er bei aller Bemühung nicht zu glätten verstand), dieses Striche-Staccato, das nicht nur die geradezu »handfeste« Erschaffung des Gegenstandes vor Augen führt, nicht nur diese Sensation, sondern darüber hinaus die Kurvatur seines seelischen »Kardiogramms«.

Mit dem Impressionismus konnte er gar nicht viel gemein haben. Ihm geht es ja nicht um den »reinen Eindruck«, nicht um die Widerspiegelung der Dinge im Luftmantel, nicht um diese Sehweise, die, im Grunde von einem wissenschaftlichen (von den Gesetzen der Physiologie abgeleiteten) Denken und dazu noch von der Photographie inspiriert, im tiefsten eine ungläubige, ja nihilistische Sehweise ist, reine »Illusion«, Augentäuscherei.

Ihm ging es seit je darum, das Wunder der baren *Existenz* (von Natur, Mensch oder Ding) zu beschwören, mehr: die Schrecksekunde der fürchterlichen Erschütterung mitzumalen, die solches Erkennen auslösen kann. Nicht um Verschleierung: um Entschleierung ging es ihm. Um die Fixierung dieses Einswerdens mit dem Du oder Ding im Augenblick, da der Vorhang reißt; um die Evokation dieses Existenzinnewerdens, das auch immer eine Offenbarung Gottes (oder der Schöpfung oder des Ewigen) bedeuten muß. Um diesen eigentlich nur in der Ekstase erreichbaren »Zusammenhang«.

So gelingt in Arles, unter der Einwirkung des entschleiernden Lichts des Südens, eine Synthese von allem, was er je angestrebt und erträumt hat: die denkbar packendste – »realistische« – Vergegenwärtigung eines Einzelnen und gleichzeitig dessen Entrückung in einen Raum der Zeitlosigkeit. Dieses Verewigen, die Aufhebung des Gegensatzes von Vereinzelung und Allzugehörigkeit, eins und All, Zeitlichkeit und Zeitlosigkeit, Zweifel und Glauben, Täuschung und Wahrheit. »Ich bin ein Gläubiger in meinem Unglauben«, heißt es in einem frühen Brief aus dem Borinage. Es ist, in Vincents Verstand, vermutlich nicht weniger als eine sinnenhafte Vorführung des Gottesbeweises. Und das Einigende, die Macht, die dieses Erleben und die daraus folgende Creatio ermöglicht, ist das *Licht*, die Sonne.

»*Leute, die nicht an die Sonne glauben, sind fast Gottlose . . .*«

Die Sonne ist es, die das Einzelne in seiner schmerzendsten Einmaligkeit hervorschleudert, zuckend von

Gegenwart; und die Sonne ist es, die die Gegenwart verzehrt und das Gegenwärtige »ver-ewigt« zu nichts weiter als einer Grimasse vor dem Plane der Zeitlosigkeit.

Um so zu erleben, zu schaffen, bedarf es einer besonderen Disponibilität, und diese bringt der von jeher mit dem Medium der Identifikation arbeitende Holländer mit, nur daß sich die Anlage jetzt bis zur Ekstase steigert. Vincent zeichnet und malt in Arles in einer Unio mystica, halluzinatorisch. Er malt ganze Bilder in einer Sitzung, die manchmal nicht länger dauert als eine Stunde, motorisch, unter Diktat, hellseherisch.

»... dann überkommt mich eine so schreckliche Hellseherei, ... dann fühle ich mich nicht mehr, und das Gemälde kommt mir wie im Traume.«

Es ist dieselbe Optik, die Aldous Huxley in seinen Berichten über Erfahrungen mit Meskalin beschreibt, und diese Optik oder besser: dieser Geisteszustand hat zweifellos mit *Zen* zu tun. Über eines seiner Selbstbildnisse aus Arles schreibt er an Gauguin: »Ich faßte dieses Porträt auf wie das eines Bonzen, eines Anbeters des ewigen Buddha.«

Das Wort Kalligraphie gehört auch in diesen Zusammenhang, am naheliegendsten auf dem Gebiete der Zeichnung, der Rohrfederzeichnung, die er bewußt in Anlehnung an die Japaner macht und die ihm, wie er sagt, so schnell entsteht, als schreibe er. Aber diese Kurzschrift oder Zeichenschrift ist nicht nur Evokation (Abstraktion) der räumlichen und körperbedeutenden Beschaffenheit von Landschaft, es ist auch Suggestion der Farbe mit schwarz-weiß. »Sie sind ein kühner Versuch, Farbe zu übersetzen. Durch Stränge, Punkte, Linien, die der ausdrucksstärksten Richtung der Form folgen, geben sie mit eigentümlicher Kraft die glühende Vision wieder, die seine Einbildungskraft den geschauten Dingen abgewann«, sagt Emile Bernard.

In Arles malt Vincent anfangs, was er an Entzückungen des Frühlings erfährt: die blühenden Obstbäume und -gärten, gewiß denkt er dabei an die Gärten und Zweige Hokusais. Er ist jetzt wieder der Malersmann (wie schon in Nuenen), der mit seinem Gerät unterm Arm und dem geflochtenen Strohhut, wie ihn die Camargue-Hirten tragen, auszieht ins Freie, um die Landschaft »aufzunehmen« und den Malrausch auszuleben. Er malt die weite Ebene mit dem Mont Majour, aber auch Stadtlandschaften – die »Zugbrücke« – und die Cafés, auch Nachtcafés; er malt nun erstmals auch Nachtlandschaften mit dem gestirnten Himmel – auch sein uraltes Thema, den Sämann, den er jetzt unter eine riesengroße Sonne stellt.

Er malt die Freunde, die er hier gewonnen hat, einfache Leute: den als Postbote in die Geschichte der Kunst eingegangenen Roulin (der in Wirklichkeit Frachtmeister auf dem Bahnhof war), aber großartig uniformiert, und mit ihm seine ganze Familie. Madame Roulin wird unter seiner Hand zur »Berceuse«, und Madame Ginoux zur Romanleserin oder »Arlésienne«. Zu den Freunden zählt auch der Unterleutnant der Zuaven Milliet, der Vincent auf seinen Streifzügen begleitet, weil er sich für Malerei interessiert und selbst ein bißchen als Künstler dilettiert.

Er malt zu jeder Zeit, Tag und Nacht, auch unter der

glühenden Mittagssonne und beim nervenzehrenden Wehen des Mistrals. Anfänglich logiert er in billigen Gasthäusern, dann mietet er sich ein gelbes Haus, das er innen weiß kalkt und überhaupt mit allem Nötigen versieht, sogar mit einer neugelegten Gasleitung, weil er mit diesem Haus Besonderes vorhat: es soll eine Art Kloster für eine echte Künstlerkommune werden, für eine Brüderschaft der Maler, die armen »Pariser Droschkengäule« – ihnen allen möchte er zur Gesundung den Süden, das heißt, sein Japan, verschreiben. In dieser Vorstellung ist alles enthalten, was ihn schon seit der Zeit im Haag bewegt und beschäftigt hat: eine praktizierende Malergemeinschaft, die »Bilder fürs Volk« macht.

Als erster soll Gauguin kommen, der oben in der fernen Bretagne, in Pont-Aven, darbt. Im Gedanken an die Kommune (vorerst aber ganz konkret im Gedanken an den von ihm hochverehrten Gauguin) beginnt er »*Dekorationen*« zu malen, Dekorationen zum Schmucke des Hauses, so die Sonnenblumen, auch ganze Zyklen vom »Garten des Dichters«. Er beginnt über das einzelne Format hinaus in Bilder-Familien zu denken und zu schaffen.

Als Gauguin dann endlich kommt, und zwar durchaus nicht als pflegebedürftiger Flüchtling (wie er sich brieflich dargestellt hatte), sondern sehr selbstbewußt, kühl, mit einer außergewöhnlichen Begabung für alles Praktische, einer Begabung, die den ehemaligen Seemann und Bankfachmann verrät (der Gauguin in seiner bürgerlichen Vorzeit war), auch als ausgesprochener Frauenheld – Eigenschaften, die Vincent abgingen –, ist von Brüderlichkeit und Brüderschaft wenig die

Rede, desto mehr von Spannungen. Nach den andauernden Diskussionen, über Unvereinbarkeiten, die im allzu stark kontrastierenden Naturell der beiden angelegt waren, erheben sie sich oft mit dem Gefühl von Batterien nach der Entladung, wie van Gogh in seinen Briefen schreibt. Die Hausluft ist immer häufiger wie von einem elektrischen Fluidum geladen. Dieser erste Versuch zu einer Künstlerkommune endet mit Vincents Einweisung ins Irrenhaus und Gauguins überstürzter Abreise nach Paris (oder Selbstrettung von einem sinkenden Schiff, wie es Vincent interpretiert). Nach seiner ersten Entlassung aus dem Hospital malt Vincent den leeren Lehnsessel Gauguins und auch seinen eigenen Stuhl mit Tabakpfeife und einem französischen Roman auf dem geflochtenen Sitz.
Der arlesische Malersmann Vincent arbeitet nicht anders als seinerzeit in Nuenen, nur daß er seine Motive nun mit seinem neuen ekstatischen Vermögen und einer endlich erlangten meisterlichen Freiheit in der Formvereinfachung und einer zur höchsten Intensität gesteigerten Farbgebung malt. Grundsätzlich aber, in seinem Kunstwollen, seinem Engagement, hat sich seit Nuenen nichts geändert.

»Aber ich ... ich sage es frei heraus, komme immer mehr auf das zurück, was ich vor Paris suchte, und ich weiß nicht, ob irgendeiner vor mir von der suggestiven Farbe gesprochen hat ...«

»... Denn anstatt, daß ich das, was ich vor mir habe, genau wiedergebe, bediene ich mich willkürlicher der Farbe, um mich stark auszudrücken ...«

»Wenn man die Farbe oder die Zeichnung ganz richtig wiedergäbe, brächte man nie diese Erschütterungen heraus.«

Er denkt nach wie vor an »Bilder fürs Volk«, und trösten möchte er auch immer noch, doch fast wichtiger als Trost ist ihm jetzt die Erschütterung – eine Ausdrucksfrage. Von seinem Caféhausbild meint er, er habe darin auszudrücken versucht, »daß das Café ein Ort ist, wo man verrückt werden und Verbrechen begehen kann ... Das alles drückt eine Atmosphäre von glühender Unterwelt aus, ein bleiches Leiden. Dies alles drückt die Finsternis aus, die über einen Schlummernden Gewalt hat ...«
Die Liebe zweier Liebenden muß man »durch die Ehe zweier Komplementärfarben, durch ihre Mischung und durch ihre Ergänzung und die geheimnisvolle Vibration der verwandten Töne ausdrücken. Den Gedanken einer Stirn durch das Ausstrahlen eines hellen Tons auf einer dunklen Stirn ausdrücken; die Hoffnung durch einen Stern ...«
Trotz der erschütternden Wirkung sollen die Bilder grundeinfach sein. Darum »möchte ich immer an solchen Volksbildern malen, selbst wenn sie grell herausschreien ... Kalenderbildchen, Bildchen alter Bauernkalender machen, auf denen Hagel, Schnee, Regen, schönes Wetter in einer ganz primitiven Art dargestellt sind«.

»Und im Gemälde möchte ich eine Sache sagen, tröstlich wie Musik. Ich möchte Männer oder Frauen malen mit dieser Ewigkeit, deren Zeichen der himmlische

Schein war und die wir in dem Strahlen suchen, in dem Beben unserer Farben ...«

Im Mai 1889, nach erneuter Hospitalisierung, begibt er sich freiwillig in eine geschlossene Anstalt, die in einem alten Kloster, in *Saint-Rémy* bei Tarascon, untergebracht ist. Obwohl sich die Anfälle in Abständen wiederholen, erleidet seine Arbeit keine Unterbrechung und vor allem keine Einbuße an Intensität. In ruhigen Phasen arbeitet er unter Bewachung draußen im Garten oder auf freiem Feld, in kritischen in einem vergitterten Raum der Klosteranstalt. Es entstehen eine Reihe mächtiger Landschaften, Ansichten des Klostergartens, auch Bildnisse.
Das Seinsgefühl aus Arles, diese (dem Zen verwandte) Existenzentschleierung, herbeigeführt in der Schrecksekunde einer plötzlichen Offenbarung, in einem ekstatischen Einswerden mit dem Gegenstand – dieses Glücksgefühl ist in St. Rémy einem hochdramatischen Wahrnehmungszustand gewichen, der alles in Mit-Leidenschaft zieht, alles demselben seelischen Seismogramm unterwirft, einer schwingenden kreisenden, bisweilen flammenden Kurvatur. Im Gegensatz zur früheren *Vergegenwärtigung* der Dinge handelt es sich jetzt um eine dem Grundgefühl von Einsamkeit und Angst abgerungene *Vergewisserung,* und da sich diese Vergewisserung nur in einem gewaltigen Glaubensaufschwung – gegen die Verzweiflung – erreichen läßt, ist der künstlerische Atem dieser Bilder so dramatisch, aber auch alles einigend (in dieser Form von »Belebung«): Unten und Oben, Erde und Himmel, tote und lebendige Natur. Der der Angst abgerungene

Aufschwung transponiert alles und jedes in einen kosmischen Alleinheitsraum; und gleichzeitig stempelt er die Werke mit dem Signum des Widerstands. Die Zypresse, der Obelisk des Südens – ein auf einsamem Posten ausharrender Zeuge des Widerstands. In der Farbe Verdüsterung.
In einer an Theo gerichteten Bildbeschreibung spricht Vincent von »durch Grau melancholisch gemachtem Grün ...«
»Was ich in meinen besten Augenblicken erträume, das sind keine heftigen Farbeneffekte, sondern eher solche von Halbtönen ... In Wirklichkeit strebe ich danach, grauer zu malen.«
In mancher Beziehung kann man von einer Rückkehr sprechen; auch von einem Zurückdenken. Stärker als in Arles treten die alten Motive in den Vordergrund, der Sämann, der Schnitter, Motive der Frühzeit, die immer schon mit dem Gedankengut aus den biblischen Gleichnissen, mit religiösem Gehalt, aufgeladen waren; jetzt aber gewinnen die religiösen Vorstellungen beherrschende Macht über ihn.

»Ich bin erstaunt, daß ich mit meinen modernen Ideen ... Anfällen unterworfen bin, wie sie Abergläubische haben, wo mir wahnwitzige religiöse Ideen kommen, wie ich sie nie in meinem Gehirn im Norden spürte.«
Noch aus der Zeit *vor* seinem ersten Anfall in Arles datiert die Bemerkung: *»Allerdings glaube ich nicht, daß mein Irrsinn Verfolgungswahn sein würde, weil meine Empfindungen im Zustand der Erregung immer auf eine Beschäftigung mit der Ewigkeit und dem ewigen Leben gerichtet sind.«*

Rückkehr auch zu den geliebten alten Meistern der Frühzeit – zu Millet, Delacroix, Daumier, selbst Doré, die er in Zeiten eines zustandsbedingten Hausarrests nach kleinen Schwarzweiß-Vorlagen »kopiert«.

»Ich will Dir sagen, was ich darin suche, und warum es mir gut scheint, sie zu kopieren. Man verlangt von uns Malern, daß wir immer selbst komponieren, und nichts als Kompositeure seien. Gut, aber in der Musik ists nicht so, und wenn jemand Beethoven spielt, dann wird er seine persönliche Deutung hinzufügen. In der Musik und vor allem im Gesang bedeutet die Interpretation des Komponisten etwas; und wenn es nicht so ist, müßte man nur den Komponisten, der seine eigenen Arbeiten spielt, gelten lassen. Gut, aber besonders, wo ich krank bin, versuche ich, eine Sache zu machen, die mich tröstet, die mich besonders freut. Ich setze das Weiß oder Schwarz Delacroix' oder Millets hinein oder stelle mir ihre Arbeiten als Modelle vor die Augen. Und dann improvisiere ich darüber Farben, aber wohlverstanden, ich bin dabei nicht vollständig ich, sondern suche Erinnerungen an ihre Bilder zu geben. Aber die Erinnerung, den vagen Zusammenklang der Farbe, die ich im Gefühl habe, gleichgültig, ob sie richtig sind; das ist meine Interpretation.
Eine Menge Leute kopieren nicht, andere wieder kopieren. Ich kam durch Zufall darauf und finde, das belehrt einen, und vor allem tröstet es. So schnell gehen meine Pinsel durch meine Finger wie ein Bogen über die Violine hin, und durchaus zu meinem Vergnügen.«

In alldem bereitet sich eine Heimkehr vor. Es ist zunächst die Heimkehr in den Norden, die im Mai 1890 in die Tat umgesetzt wird: über Paris reist Vincent nach *Auvers-sur-Oise*, wo er die letzten Monate seines Lebens verbringen wird.

In Auvers entstehen neben Bildnissen hauptsächlich Landschaften, aber auch Dorfansichten, darunter die zum Nationalfeiertag bunt beflaggte Mairie (Bürgermeisterei) und die in ihrem inneren Brausen beinah aus den Fugen geratende Kirche. In den Landschaften, besonders in den unter tief gezogenen Strohdächern halbverborgenen Bauernhäusern werden Reminiszenzen an Holland wach. Die Figuren sind klein eingefügt und wirken merkwürdig gedunsen und irgendwie »knieweich« – wie jetzt überhaupt die Kurvatur nicht mehr das Hochdramatisch-Einheitliche aus Saint-Rémy besitzt, nicht mehr das alles in Mitleidenschaft ziehende Kreisen und Flammen, dafür etwas Unruhig-Geknicktes, auch Unruhig-Akzuentiertes. In der Farbe ist Vincent jetzt gedämpft, im Unterschied zu Arles könnte man den Gesamtton wirklich »grau« nennen.

Er stirbt am 27. Juli 1890 in seinem Zimmer im Gasthaus Ravoux, siebenunddreißigjährig, im Beisein Theos, der, nach Emile Bernard, »ins Herz getroffen durch den Selbstmord seines Bruders, dem Wahnsinn verfiel und gelähmt dahinsiechte ...«. Theo folgte Vincent im Januar 1891 im Tode nach. Im Friedhof von Auvers liegen sie Seite an Seite begraben.

»Ich kann im Leben und in der Malerei recht gut ohne den lieben Gott auskommen, aber ich leidender

Mensch kann nicht eine Sache, die stärker ist als ich, entbehren, die mein wirkliches Leben ist, die Macht zum Schaffen. Da man körperlich um das Schaffen betrogen ist, sucht man Gedanken anstatt Kinder zu zeugen, und steht trotzdem mitten im Menschlichen.

Das ist und bleibt und das kommt immer wieder für Augenblicke im ganz vollen künstlerischen Schaffen, die Sehnsucht nach dem wahren Leben, dem idealen und nicht verwirklichbaren. Und mitunter wünschen wir nicht mehr, uns voll der Kunst hinzugeben und dafür wieder aufzuleben. Man fühlt sich wie ein Droschkengaul und man weiß, es ist immer noch die gleiche Karre, in die man sich einspannt. Und dann wünscht man nichts mehr von solchen Dingen. Man möchte nur noch auf einem Stück Wiese leben mit etwas Sonne, möchte einen Bach haben und die Gesellschaft anderer Pferde, die auch frei sind, und dann sich fortzeugen.«

Vincent ist zur Kunst gekommen, weil »Kunst« oder eine ähnliche Betätigung an einem bestimmten Tiefpunkt seines Lebens sich als die einzig verbliebene Möglichkeit zur menschlichen Partizipation anbot. Tödlich gefährdet in seiner extremen Isolation, schloß er sich an die Kunst an wie an ein Beatmungsgerät. Im zeichnerischen Buchstabieren erstammelte sich der Ausgeschlossene auf einem autodidaktischen Weg von titanischem Kräfteaufwand die Wirklichkeit; den Lebensanschluß und, ja, einen weitergehenden »Zusammenhang«. Kunst als Lebensgarant, auch als Überlebensgarantie.

Gleichzeitig aber verlangte er seiner Arbeit vom allerersten Anfang an einen über das Individuelle hinausreichenden höheren »Nutzen« ab. Seine Kunst soll ein Instrument der Lebensrettung oder doch der Tröstung vor allem auch für andere sein. Für ihn wird sie »eine Heimat«. Sie soll den in einer versachlichten Welt darbenden Brüdern Öffnung anbieten in eine lebendigere, möglichst unsterblich lebendige, also wohl »ewige« oder göttliche Lebensdimension. Kunst als Erweckungsinstrument, auch als Mittel der Wiederherstellung, der Reparatur.

Da er eine solchen Radikalansprüchen genügende vorbildhafte Menschenwirklichkeit in seiner sozialen Umgebung nicht fand, machte er sich auf eine Entdeckungsexpedition, um seiner Kunst das Fehlende zuzuführen. Den für sein Vorhaben tauglichen, weil lebensfähigen Menschen findet er im primitiven Typus des Brabanter Bauern, der noch an der Erde zu hängen, also wohl unverdorben zu sein scheint.

Er findet mit der Wünschelrute seiner Kunst eine Art Lebensquell, findet seiner Kunst das bisher vermißte »Leben«, aber dieses Finden geht auf Kosten des eigenen Lebens. Kunst als Lebensersatz.

Er gehört zu jenen, die, mit Flaubert, das Leben nur aussagen, nicht aber besitzen. Und das bleibt ihm ständig bewußt »auf diesem Planeten, auf dessen Oberfläche die Liebe zur Kunst die wahre Liebe vernichtet«.

Vincent, der gegen seinen Willen, aus Verzweiflung und nicht aus Neigung, geschweige denn aus Berufung, zum Künstler wurde und Kunstwerke bloß als Notbehelf herstellte, hatte nie vergessen, daß es darum hätte gehen müssen, statt der Kunst ein anderes Leben zu gewinnen oder auch darum: einen neuen Menschen in einer menschenwürdigen Gesellschaft schaffen zu helfen. Und dazu kann die Kunst nur einen bescheidenen Beitrag liefern. Bis zuletzt hat er sich selber nur als einen Vorbereiter und Vorbedeuter, als Künstler nur als einen Wegbereiter unter vielen, als ein unbedeutendes Glied in einer Kette betrachtet.

»Warum bin ich so wenig Künstler, daß ich immer bedaure, daß Statuen und Gemälde nicht leben.«

Daß sein Künstlerleben ein Ersatzleben oder Lebensersatz war, durch Zwänge diktiert, nicht aber das eigentliche, blieb für ihn ebenso bestehen wie seine hohe Verehrung für Christus, diesen größten aller Künstler, wie er meinte, der es verschmähte, in Ton oder Farbe zu arbeiten, dafür aber lebendige Menschen erschuf. »Die Gedanken über Christus ... führen sehr weit. Sie lassen uns die Kunst, das Leben zu gestalten, ahnen, die Kunst, unsterblich-lebendig zu sein.«
Das kurze Leben Vincent van Goghs ist die Vita eines Mannes, der nicht die Kunst, sondern die Menschen zu finden und zu verändern träumte und in die Kunst abgetrieben wurde. Erst hatte er dieses Schreckerlebnis – des entleerten Seins – damit zu beantworten versucht, daß er sich missionierend an die Armen wandte, um sie unbeholfen, doch inständig und selbstlos zu Christus zu treiben. Dann tat er's in der Malerei. Diese ist einer Art Mund-zu-Mund-Beatmung zu vergleichen. Was er künstlerisch unter-

nimmt, ist lazaronisch und aufsässig-verrückt zugleich. Auferstehung, schreit er unausgesetzt mit seiner Arbeit, auf seinem verlorenen Posten, bis die allem Zusammenhang entfallenen scheintoten Dinge und Lebewesen sich zu rühren und zu atmen beginnen – wenigstens im Gemälde.
Und dabei bleibt ihm immerzu deutlich, daß es Ersatzhandlung ist; auch daß er dabei sein Leben verliert; daß es auf jeden Fall besser wäre, im Fleische zu schaffen, oder auch nur: im Leben zu weiden. Aber wo ist dieses Leben?
Es ist die Vita eines Mannes, der ein anderes, wahrhaft unsterblich-lebendiges Leben zu erreichen und zu vermitteln träumte, in die Kunst als Notbehelf abgetrieben wurde und, da er seine auf das Immergleiche gerichtete Leidenschaft dort einsetzte, die Kunst revolutionierte, obwohl er das andere meinte.

»Ich scheine mir immer ein Wanderer zu sein, der ein Stück Weges zieht, zu irgendeiner Bestimmung. Wenn ich mir sage, das Gewisse, die Bestimmung, das gibt es gar nicht, so scheint mir das nicht unwahrscheinlich ...«

Versuch über das Sehen

Ich konnte lange nicht *sehen*, weil sich mir alles in Stimmungen verwandelte, in Gefühle, ich war randvoll von Gefühlen, denen es nachzuhängen galt, ich konnte nie Schritt halten mit ihnen, war immer im Nachgenuß; ich kam nie hinaus aus mir, nie zu Dingen, Gegenständen, nie zu einer ernsthaften Befassung mit etwas, geschweige denn mit Menschen, kam nie ins Freie. Ich war gefangen in diesem fragwürdigen Innenraum, ein Ich-Gefangener, gefangen im Innenraum des Ichs.
Ich lebte in Stimmungen, aber die Stimmungen, denen ich nachhing und in welchen sich damals das »Leben« verbarg und verhieß, schnitten mich nicht nur ab von der Außenwelt, sie machten mich untauglich für ein echtes Erfahrungssammeln, sie machten mich krank. Ja, ich war auf eine ungesunde Art innerlich, hatte die Außenwelt verloren, war ernsthaft gefährdet. Ich war außenblind, weltblind, und ich wünschte mir manchmal, wirklich blind zu sein, um endlich etwas *einsehen* zu lernen, etwas, unter Ausschluß von all diesem nebulösen Andrang, auszubilden im Innern, um daraus eine Anschauung, ein Bild zu gewinnen. Mit diesem Wunsch (nach Hinauskommen) verband sich die Vorstellung einer wahren Erlösung und Freiheit: eines Auf-die-Welt-Kommens womöglich. Ich will auf die Welt, schrie es in mir.
Ich spreche von meinem Jünglingsalter oder von einer Jugendkrankheit, von einer damaligen Gefährdung,

aber die Problematik ist mir heute noch dermaßen gegenwärtig, daß ich annehmen darf, sie sei nicht nur für mich oder meine eigene Vergangenheit von Belang.

Um auf die gefährliche Gefühligkeit und Innerlichkeit zurückzukommen und die damit verbundene Unfähigkeit zu sehen (auf das SEHEN): alles stürzte übermächtig auf mich ein, die Natur in den Jahreszeiten zum Beispiel. Die Ahnung des Herbstes in den gebrochenen Lüften, ich meine nicht die Verklärung und Vergüldung, ich meine das erste Kristall Kühle in der Luft und das Umspringen der sommerlich reifen Welt in diesen Glast, dieses Immaterielle, Jenseitige beinah; ich meine diesen ersten Offenbarungsschreck, der einen durchzuckte und Räume aufbrach, diese Transzendenz. Das Atemanhalten, wenn der Schleier des Gewöhnlichen riß; und die Weitung, die Fernen; diese Berückung. Und in den aufgebrochenen Räumen sprang das Herz wie unter Alarm. Das löste Sehnsüchte aus und Träumereien, und ich hing diesen Dingen nach, nein: nicht diesen Dingen, sondern dieser Orgelmusik, die das Naturgeschehen in mir drinnen entfacht hatte, ich war nur mehr Instrument, das spielte auf mir, spielte mit mir –. Alles spielte auf mir, ich war immerzu absorbiert von solchen Innenausschlägen, alles war mir gleich lieb, weil es *mein* Inneres, *meine* Innenwelt, *mein* war. Ich saß also dauernd auf diesem Logenplatz und konnte vor lauter Einwärtsgerichtetsein nicht mehr loskommen davon. Was war mir da eben wieder durch den Kopf gezuckt, welches Gefühl oder Unnennbare war da wieder wolkengleich durch mein Gemüt gesegelt, welcher

Duft wollte mich da eben wieder zu längst Entschwundenem entführen? Ich saß im Logensitz meines Innentheaters, von Ungreifbarem, Sinnverwirrendem traktiert, ganz und gar okkupiert.

Das Äußere, Sichtbare galt mir nichts oder wenig, ich wurde kontaktscheu, in mich zurückgezogen und verkrochen, eigenbrötlerisch, befremdlich und lebensfremd: ein Fremdling. Das Leben verlebte sich außerhalb ungelebt, ich konnte es nicht an mich bringen, nicht an-legen, nicht einmal betreten. Ich war auf besten Wegen, ein ausgewachsener Narziß zu werden, interesselos nach außen und schreckhaft, dahindämmernd, verdunkelt, vielfach verstimmt, oft schon in den Griffen der Melancholie. Freud hat in einem 1917 publizierten Aufsatz über »Trauer und Melancholie« diesen Krankheitsfall (oder -typ) folgendermaßen beschrieben: »Die Melancholie ist seelisch ausgezeichnet durch eine tief schmerzliche Verstimmung, eine Aufhebung des Interesses für die Außenwelt, durch den Verlust der Liebesfähigkeit, durch die Hemmung jeder Leistung und die Herabsetzung des Selbstgefühls.« Ich paßte in dieses Krankheitsbild.

Das Krankhafte dieser Zustände und meines Gesamtzustands war mir aber glücklicherweise bewußt, das heißt, die Gefahr war mir bewußt, und ich suchte ihr zu begegnen und sie zu steuern, indem ich Kontakt zu dem sogenannt harten Leben suchte, zur Arbeitswelt unter anderem: ich ging auf Bauplätze als Handlanger, ich arbeitete als Gehilfe bei der Bahnpost, mit Vorliebe nachts, trug Zeitungen aus, verdingte mich in Büros, radelte als Bote der Eilzustellung durch Straßen und Quartiere, nun: ich setzte mich dem (rauhen)

Leben aus, um wirkliche, möglichst handgreifliche Erfahrungen zu sammeln, wenigstens um aus mir heraus und mit der Außenwelt in möglichst physische, konkrete Berührung zu kommen: um Lebensanschluß zu gewinnen, um von mir absehen, um *sehen* zu lernen.

Und aus dem gleichen Grunde begann ich auch Kunstgeschichte zu studieren, denke ich. Ich absolvierte da eine eigentliche Schule des Sehens.

Wenn ich vordem beispielsweise eine Kathedrale eher mystisch erlebt hatte, so wurde ich nun angehalten, das Bauwerk in seiner Konstruktion, seiner konstruktiven Gestalt einzusehen, in seinem Gemachtsein, Gewachsensein, seiner Geschichtlichkeit zu verstehen. Hatte ich vordem beim Eintritt in eine Kathedrale nichts weiter als diesen verdämmernden Innenraum, diese entrückte und schon fast übersinnliche Stimmungsgewalt empfunden, so wurde ich nun gezwungen, den Innenraum als Gebautes zu erkennen, Mittel- und Seitenschiffe in ihrer gewollten Schlankheit oder Gedrungenheit und wie sie sich zu den Querschiffen, zum Chor und Chorumgang stehen; ich lernte den Schritt der Pfeiler, die Art des Bogenschlags, die Sequenz der Bogen, die Beschaffenheit der Wölbung ...: ich lernte den Formgedanken nachempfinden; und ich begann ein Auge für das Gliederwerk der Streben und Rippen zu entwickeln, die das Ganze tragen bis hinunter zu den Säulenbasen, und wie mit diesem Gliederwerk oder tragenden Skelett das Lastende aufgefangen und in vielen Verzweigungen weitergeleitet wird. Ich lernte begreifen, daß die im Kathedralwerk intendierte Auflösung der steinernen Masse, daß das zum Himmel Strebende, Hochfahrende, ja fast schon Flammende solcher Architektur (und damit die ganze Transparenz) Funktion einer streng angewandten Ingenieurleistung war; und ich begann die spezifische Dämmerung und Innenstimmung als Konsequenz einer berechneten Lichtführung und als Effekt der in den Fensterhöhlen eingesetzten Glasmalerei zu erkennen. Die Kathedrale ist auf dem Grundriß des Kreuzes, des Christus-Kreuzes, errichtet, sie will ein Himmlisches Jerusalem illuminieren, und dieser Vision und Gesamtkonzeption verleiht die weitläufige skulpturale Ausstattung Ausdruck. Jede Figur, Fratze oder Knospe, jeder Pfeiler, jede Rippe, jeder Stein ist Teil und Glied eines Gesamtprogramms, das dieses Himmlische Jerusalem auf Erden statuieren soll. Dieses Programm war lesbar für die des Lesens unkundigen Massen der Gläubigen, weshalb man es auch die Armenbibel oder Biblia Pauporum nannte: auch solches Wissen lernte ich nun in der optischen und haptischen Gestalt des Bauwerks mitsehen. Ich lernte die Innenansicht mit der wehrhaften, ja bisweilen igelstarrenden Außenansicht zusammensehen – kurz: ich lernte meine vagen Eindrücke einzuhängen in die bauliche Gestalt. Ich lernte optisch rekonstruieren, konkretisieren. Und dasselbe lernte ich aus den Malereien und anderen Kunstwerken der verschiedensten Epochen.

Ich hatte also mit einer eigentlichen Schule des Sehens meinen Innenwelts- oder Innerlichkeitskerker zu sprengen vermocht, ich war hinausgelangt aus mir, das heißt, ich war über den reinen Gefühlsmenschen hinausgekommen und zu den Dingen und Menschen vorgedrungen; auch war ich mittlerweile Schriftsteller geworden. Und ich war ein sinnlicher, ein sinnenhafter Schriftsteller geworden, wie man mir attestierte. Fast möchte ich sagen: ich war ein Lichtmensch oder doch *Tagmensch* geworden.

Ich komme auf diesen etwas übertriebenen Ausdruck, weil mir nur zu gut erinnerlich ist, wie sehr ich in Unruhe und Schlimmeres, in eine tiefgehende Verunsicherung, ja Bodenlosigkeit verfiel, jedesmal wenn das Tageslicht schwand. Mit dem Einbruch der Dunkelheit stellte sich bei mir lange Zeit Hoffnungs- und Haltlosigkeit ein, ich schien aus der Welt zu fallen. Wenn die über die Augen und überhaupt Sinnenwege laufende Zufuhr ausfiel, so wie der elektrische Strom ausfallen kann, dann stürzte ich in ein Nichts oder doch in eine grausliche Fremde und Einsamkeit. Ich hatte noch nicht das nötige Eigengewicht, um bei mir Einkehr zu halten. Ich fühlte mich herausgetrennt und abgeschnitten von allem und wahrhaft konsterniert.

Ich war also ein Sinnen- und insbesondere Augenmensch geworden, es war die Zeit meines Buches »Canto«, ein Lebensabschnitt, der mit einem längeren römischen Aufenthalt zusammenfiel, meine schriftstellerische Geburtszeit, möchte ich annehmen. Und es war die Zeit einer entsprechend gierigen Lebens- und Weltbemächtigung, ein Hineinfressen von Dasein war es – und ein Kommunizieren, rauschhaft geradezu. Ja, rauschhaft ist es zu nennen, wie ich mich nun dem Leben im Licht, dem Tagleben, aussetzte, hingab und hinschenkte. Ich war zeitweilig ein schon fast berufsmäßiger Flanierer und Lebensbeobachter, ich war immerzu auf der Augenweide, und alles war mir Augenweide. Das war nun kein Stimmungserleiden mehr: andauernd formulierte es in mir, ich will damit sagen: eine Sprachlust war in mir freigeworden, angeregt durch das Schauen und In-mich-Einsaugen, eine Wortlust; eine Lust, Worte zu artikulieren und Sätze und zwar mit nichts anderem als dem, was mir die Sinne und insbesondere die Augen zutrugen. Ich ergriff diese Elemente (dieses Rohmaterial) gierig und nahm das alles in meine Sprachmühle auf, die bisweilen schon fast einer Gebetsmühle glich. Ich war ein Lebensstammler mit Worten, ein Sprachmensch ganz und gar und insofern ein Übersetzer und Hersteller, ein Wirklichkeitshersteller – mit Worten.

Die in mir arbeitende und laufende Sprach- oder Sprechmaschinerie griff wahllos auf, was die Sinne herantrugen, alles war gleich wichtig, ich hatte nur Materialien, keine Themen: ich wob mit Worten an einem sinnenhaften Daseinsteppich. Ich vergewisserte mich solchermaßen der Wirklichkeit.

Damals konnte ich von mir sagen: Die einzige Wirklichkeit, die ich kenne und anerkenne, ist diejenige, die in meinen Worten zustandekommt. Über die Sinnenwege erschuf ich mir mit meinem Sprachapparat gewissermaßen die Welt. Oder, anders gesagt, ich schrieb mich mit den erwähnten Mitteln dem Dasein ein. Ich schrieb, *damit etwas stehe, auf dem ich stehen kann,* wie ich es damals, anfangs der sechziger Jahre, formulierte.

Aber ich war nach wie vor ein Fremdling im Leben, ich hatte keinen eigentlichen Standort, auch keinen rechten Weltbesitz, nur diese Schreibpassion in Fingern, mit welcher ich mir gerade so viel Boden- und

Standfläche verfertigte, daß ich nicht abstürzte. Ich war immer noch nicht *in* oder *auf* die Welt gekommen, höchstens an die Wirklichkeit in ihrer sinnlich erfahrbaren Oberfläche, ihrem trügerischen Erscheinungsmantel, *herangekommen*. Das spürte ich schmerzhaft nachts, wenn ich mit der Unterbrechung des besagten Stromanschlusses buchstäblich aus der Welt und in die tiefste Fremdheit fallen konnte. Und ich erlebte es immer wieder in den Großstädten, wohin ich (zu Arbeitsaufenthalten) so gerne flüchtete, weil hier die Lebens- und Ereigniszufuhr schier unerschöpflich schien.

Ich verzog mich nach meinem einjährigen Rom-Aufenthalt während Jahren nach London in Klausur und dann nach Paris. In solchen Städten konnte ich darum besonders gut arbeiten, will sagen, die Einsamkeit des Schreibens aushalten, weil ich mich von unaufbrauchbaren Haufen und Strömen von »Leben« umgeben wußte; es genügte ein kleiner Abstecher hinaus auf die Straßen, um mich dieses bunten und wilden Lebens zu versichern, auch um mich aufzuheizen mit, nun, mit Lebensgefühl.

War ich draußen auf den Straßen, im Geschiebe und Geflute des Lebensbetriebs, dann war mir warm, ich war mittendrin »im Strom des Lebens«, in der Stadt, vereinigt, selber Element, selber Stadt, zwar untergehend in ihrem Vielen, aber immerhin Teil von ihr und somit teilhaftig. Also durchströmt und zugehörig und gesteigert, aber dies auf eine letztlich blinde, vital-animalische Weise: *lebend verlebt und verzehrend verzehrt*, wie ich es für mich nannte.

War ich aber zurück in der Wohnung, bei mir, dann

war ich entfallen, weil dieses Allumberührtsein und also Aufgehoben- bzw. Teilsein nicht mehr herzustellen war, auch mit Worten, mit Verbalisieren nicht. Ja, dann war ich entfallen und ausgestoßen, abgespalten war ich und auf mich zurückgeworfen. Kann dieses Aufgehobensein, kann dieses Teilhaftigsein nicht mehr herstellen, kann all die Myriaden Partikel, die mich draußen umspülen und umhüllen, durchpulsen und ausmachen, wenn nicht hervorbringen; kann diese runde Summe »Wirklichkeit« nicht mehr herstellen. Das ist durch Bewußtmachen nicht einzuholen. Nur in der flüchtigen Vereinigung bin ich zugehörig und – eins damit: erlöst in einer Art Liebe, erlöst vom Los der Vereinzelung. Erlöst vom Schmerz der Erkenntnislosigkeit. Beim Daheimsein hingegen stellt sich einzig das Bewußtsein der Abspaltung ein und der Ohnmacht. Das ist wie: nicht gelebt haben. Nahedransein und nichts begreifen. Und der Tag- und Lichtmensch erlosch selber bei Einbruch der Nacht und entfiel allem und jeder Gewißheit.
Und nun komme ich von dieser Ohnmacht zur Vollmacht, von dieser Art ohnmächtigem Sehen zum anderen Sehen, das not tat und nottut: zum Sehen aus Einbildungskraft und Einbildungsvermögen, zum inneren Sehen und Bilderschatz.
Um auf die beschriebene sinnenfreudige Selbstveräußerung zurückzukommen: dieses Aufschreiben vermochte auf die Dauer nicht zu befriedigen. Das war ein richtungsloses Lebenabschreiben, ein Dasein-Notieren, ein Memorieren und Impressionieren, auch Reagieren; und das war im Grunde ohne Ende und aussichts-, weil bodenlos. Das Leben verflüchtigte

sich in solchen Aufschreibungen, es war ja doch nie einzuholen. Es galt, zu Stoffen und Figuren vorzustoßen, es galt von einem Aufsagen und Nachsagen zu einem *Aussagen* zu kommen. Was hatte ich denn bisher vermocht? Ich hatte schreibenderweise die Gestik eines in der Fülle Ertrinkenden vorgelebt, war aber kaum je zu etwas Essentiellem vorgestoßen. Wollte ich dahin gelangen, so galt es, wie mir aufging, das *Vergessen* zu praktizieren.

Mag die Ereignisfülle einer Geschichte oder Lebenspassage, mag das Bewegende noch so stark und der Widerhall im eigenen Wesen noch so aufregend sein: es ist aussichtslos, all das mitschreiben zu wollen. Man wird im Moment ja doch nicht durchschauen können, man ist viel zu sehr verstrickt, ist selber Opfer und Objekt und weit davon entfernt, souveränes Subjekt, also – im Sinne des Erzählers – der Sache Herr zu werden. Der in seinem Erleben befangene und möglicherweise gefolterte Absolvent (der Geschichte) soll imstande sein, vorläufig abzusehen von seinem Lebensstoff. Er soll diese Materie, seine Gegenwart, vergessen, er soll sie überdauern, er soll Zeit darüber gehen lassen, er soll sie vorläufig abzuschreiben wagen, er soll verzichten können. Er soll sie durchstehen.

Und er wird viel später, wenn alles durchgestanden und der Abstand genügend groß ist, bei einigem Glück fähig sein, sie aus seiner Tiefe heraufzuholen, aber nun in einem hoffentlich essentiellen Sinne, vom rein Subjektiven abgelöst. Er wird sie am Faden seiner Erinnerung gewissermaßen neu *erfinden* und entwickeln, er wird sie wie eine fremde oder eben wie eine gefundene Geschichte ausbreiten können, und dennoch wird sie, da sie erlebt war, in der denkbar größten Lebendigkeit, ja Sinnenhaftigkeit erstehen. Sie ist durch eine Zeit gefiltert, nun holt er sie herauf aus seinem Unteren, seinem Bilderschatz und zwar in aller Freiheit des aus der Einbildungskraft schöpfenden Autors. Er schöpft wie aus einem Brunnen, staunend bisweilen, da ist nichts verloren. Er schöpft aus dem Brunnen eines unverlierbaren Besitzes. Nun kann er ausgeben. Dieses Schauen, dieses Einschauen und Ausgeben, dieses versunkene und gleichzeitig herrlich leichte »Erfinden« aus reiner Vorstellung heraus hat mich immer am Wunschbild des blinden Sängers HOMER fasziniert. Dieses In-sich-Versammeltsein. Dieses Wesentlich-gewordene-Sein.

Mit dem Bild des HOMER verband sich mir immer die Vorstellung eines *Auf-Grund-Seins*, weiß nicht wieso. Er war nicht aufrecht, er saß in sich versunken, aber nicht auf einem Stuhl oder auf einer Bank und nicht einfach am Boden: er war auf Grund oder auf dem Grunde – wie ein Kieselstein, ein Stein.

Und diese Grundfühlung war etwas, das mir außerordentlich erstrebenswert schien, vor allem zu einer Zeit, da es mich recht lebhaft herumtrieb.

Die Grundfühlung! Ich selber hatte diesen Zustand oder doch einen annähernd ähnlichen Zustand ein paar Mal herbeiführen können: ich war unterwegs gewesen, in einem Lande, in dem ich mich nicht einmal verständigen konnte, ich war der Sprache nicht mächtig, wie man sagt, und ich hatte einige Wochen sehr intensiv gelebt. Ich meine hiermit nicht, daß ich ein allzu buntes Leben geführt hätte, im Gegenteil: es war eher so etwas wie eine Bewährungs- und Mutprobe, was ich durchgestanden hatte, ich hatte viel aufs Spiel gesetzt, ich war durch ein Feuer gegangen. Ja, es war eine Art Feuertaufe gewesen, und dabei hatte ich mich ganz vergessen. Ich war aus der Haut meiner bürgerlichen Person und Position geschlüpft, ich war ein Herr Unbekannt, ein Nichts und Niemand geworden, eine Art Treibholz. Aber ich war nicht untergegangen, auch hatte ich nichts verloren, bloß gewonnen. Und dabei hatte ich ein seltsames und neuartiges Realitätsgefühl erfahren: ich kam mir vor, als hätte ich allen Ballast abgeworfen. Mehr: als hätte ich mich bis auf die Knochen verringert, ich schien mir wirklich in Knochen zu gehen. Da war keine Rolle mehr, die ich zu spielen, waren keine Positionen, die ich einzunehmen oder zu verteidigen nötig gehabt hätte, war kein Besitz, nicht einmal ein Ansehen, nichts. Ich war namenlos, aber ich kam mir nicht nur kantig oder eben knochig vor, sondern, nun, nahezu wesentlich.

Es war, als füllte ich mein Leben aus. Es war kein großes oder besonderes Leben, aber ich fühlte es bis auf die Knochen, ich fühlte meinen Umriß, ich fühlte den Hunger wie noch nie und den Durst und die Müdigkeit, und die Gedanken waren Gedanken, die nicht einem Fernen oder Angedachten oder Zufälligen oder Spekulativen galten, sondern ganz genau dem Hier und Jetzt, und dabei war ich frei und leicht, frei von Wahn und auch von überspannten Hoffnungen, ich war auf ganz besondere Art bei mir selbst und dennoch namenlos, ja, und rein fühlte ich mich oder auch sauber, fast wie ein Rekonvaleszent. Und dabei

schwang etwas leise Jubelndes mit: wie wenn ich auf einen Grund gestoßen, angekommen, ich meine: aus dem Schaukeln und Schweben und Vagabundieren und Spintisieren abgefallen und auf einem Grund angekommen wäre. Ich glaube, ich hatte das Empfinden, wesentlich geworden oder doch nahe daran zu sein, wenn ich auch weit davon entfernt war, nach einem Wort für meinen Zustand zu suchen: ich *war*.
Ich war neidlos und eigentlich auch hoffnungslos, aber auch furchtlos, ich war. Ich hatte das alles nicht nötig. Ich war eben nur gerade so viel, wie ich wirklich war, also wohl kongruent mit mir selbst und meinem Lebenszustand und nicht weiter reduzierbar.

Ich habe mich zu dieser ziemlich langen Abschweifung verführen lassen, um auf das – für mein Empfinden – homerische Auf-Grund-Sein zurückzukommen. Ich könnte es auch ein In-sich-Versammeltsein nennen.
Das Wort *versammelt* liebe ich, es hat zum Gegensatz das Zerstreutsein. Es hat mit Dichte zu tun und wohl auch mit dem Dichten und den (echten) Dichtern. Ich habe in meinem Leben einige wenige Menschen kennengelernt, die dieses Versammeltsein ausstrahlten. Sie waren zuerst fast nicht auszuhalten, diese Menschen, weil die Anforderung, die sie an einen stellten, so groß war. An ihrem Beispiel war zu ermessen, wie sehr oder in wie hohem Grade die meisten unwesentlich oder eben nicht in sich versammelt, sondern zerstreut, auch hinter Masken verborgen, wenn nicht immerzu auf der Flucht sind; fast unerreichbar oder besser: unauffindbar. Aber die wenigen In-sich-Ver-

sammelten waren auf eine schon fast einschüchternde Weise »da«, und es ging von ihnen eine Art Vollmacht aus, ich kann es auch eine unerhörte Präsenz nennen. Sie brauchten nicht immerzu auf anderes zu verweisen, sie waren präsent aus eigener Lebendigkeit, eigengewichtig, aber darum nicht beschwerend. Ja, sie verfügten sichtlich über eine Welt, und sie konnten ausgeben.
Die sitzen da wie Berge und können aus ihren inneren Bergwerken zutage fördern, ohne sich zu verausgaben, sie werden nicht ärmer dabei.
Mit dem Bild des Berges meine ich sowohl das Ruhende, Schichten-Reiche, die (Geschichts-)Dichte wie auch dieses selbstverständliche Hineinragen mitten in die Gegenwart. Dieses Gipfeln, geradezu lächelnde heitere vergnügte In-den-Augenblick-Hineinragen aus so viel Untergrund, Unterwelt. Und das rauchte oder gurgelte aus allerlei vulkanischen und anderen Quellen, und manchmal kamen Lavaströme aus ihnen, manchmal Funken- und Aschenregen, manchmal auch nur dieses buddhaartige oder sphinxische Grinsen. Aber diese unerhörte Gegenwärtigkeit, dieses Versammeltsein. Selbstversorger aus tausend kommunizierenden Gefäßen. Bäume reisen nicht, hat einmal ein Dichter gesagt, und das gilt auch für die Berge.
Ich spreche von einem (homerischen) *Wunschbild*, ich idealisiere, heroisiere wohl, um jenen mir überaus wichtigen Aspekt, den wir Imagination oder Einbildungs-, Vorstellungskraft nennen, zu zeichnen. Ich überzeichne, zugegeben – denn vom gänzlich unrührbaren unerschütterlichen Bergriesen und Menschen-

giganten wäre ja auch wieder nicht so viel zu halten, nicht genügend Menschlichkeit vielleicht. Andererseits ist nicht auszuschließen, daß die Berges- oder Gebirgsruhe eine trügerische Ruhe sei, die das Bewegtwerden lediglich verheimlicht, und manchmal beben selbst Berge.

Ich denke, das Imaginierenkönnen hat mit Versenkung zu tun, man muß sehr viel versenkt haben an Eindrücken, Bildern, Erfahrungen, Schmerzen, Lüsten, an Leben; und das Versenken wiederum hat mit Geduld oder Zeit zu tun oder mit »Läuterung« – ein Wort, das ich lieber vermeiden möchte, weil ihm leicht ein falscher Klang anhaftet. Statt von Läuterung ziehe ich vor, von *Erinnerung* zu sprechen, wenn man darunter die geheimnisvolle Verwandlung von Lebensstoff in jenen anderen, von allem Anekdotischen, Biographischen und Subjektiven befreiten, ja vom Anlaß und damit Begründbaren abgelösten Aggregatzustand verstehen will, der mehr mit Bildern als Worten gemein hat, aus welchem aber Dichtung entsteht.

Nachbemerkung
Aufgefordert, mir über das SEHEN Gedanken zu machen, habe ich mir zunächst überlegt, ob es in meinem Leben, meiner Biographie etwas gebe, das mich berechtigen und motivieren könne, zu diesem Thema Stellung zu nehmen. Natürlich war mir bewußt, ein riesengroßes, ein wahrhaft komplexes Thema vorgesetzt zu bekommen, würdig, von einem Philosophen, wenn nicht von einem ausgemachten

Gelehrtenkollegium und -kolloquium angegangen zu werden.

Goethes Bemerkung über das Sonnenhafte des Auges fiel mir ein und seine Farbenlehre. Allein schon am Gegenstand der Farbenlehren, einem Gebiet, das ja unmittelbar aus dem Sehen hervorgeht und Gesetze der Physiologie ebenso wie der Physik berührt, darüber hinaus aber Probleme von der Ästhetik bis zur Erkenntnistheorie aufwerfen mag, läßt sich die Vielfächrigkeit der Thematik ermessen. Alle Kunst hat naturgemäß mit der Sache des Sehens zu tun, aber ebenso die Medizin und mit ihr die Tiefenpsychologie – vom Parapsychologen und Hellseher ganz zu schweigen. Der Hellseher läßt einen an den notorischen Schwarzseher denken und beide wiederum an den Propheten, die Prophetie. Dagegenzusetzen das Fernsehen! Oder die Vorsehung – doch dieser Begriff ist seit Hitler so gut wie unaussprechlich geworden.

Vorsicht und Nachsicht, Kurzsicht und Weitsicht und die Teleskopie und der Sterngucker und die Mikroskopie, ja selbst Astrologie und Astronomie ... ja, was hängt nicht mit dem Sehen zusammen? Und nicht zu vergessen die Photographie. Welch ein Sprung und nicht nur ein Gedankensprung: vom Bildjäger mit der Kamera um den Hals und von seiner »Optik« zur Optik in der allgemeineren und ursprünglichen Bedeutung des Wortes! Und von da zu den großen Begriffen wie Anschauung, Weltanschauung, zum Weltbild, den Weltbildern bis hin zur Vision.

Nun hatte man aber die Frage an mich gerichtet, und da ich weder Kulturphilosoph noch Enzyklopädist, sondern Schriftsteller bin, so begann ich denn in meinem eigenen Erfahrungsgebiet über das Problem nachzudenken. Das Ergebnis stellt, wie ich zugeben muß, nur einen sehr engbegrenzten und wohl sehr subjektiven Beitrag zur Sache dar. Und dieser Beitrag hat ebensosehr mit dem Schreiben und der Sprache wie mit dem Sehen zu tun und, da ich mit beidem vital verhängt bin, notgedrungen mit mir selbst. So kann ich nur um *Nachsicht* bitten, wenn meine Abhandlung des Stoffes streckenweise auf dem Stramin der Rechenschaft oder gar der Konfession abgewickelt wurde.

Woodstock, New York

Während meines Besuchs im »Woodstock«-Hotel brach unten Feuer aus, und der Rauch wallte an den Fenstern des Hotels hoch. Man hatte Berge von ausgedienten Matratzen aus dem Haus befördert und für die Abfuhr bereitgestellt. Irgendein Passant hatte Feuer gelegt, und nun brannten diese mit soviel Angst- und Nachtschweiß, Blut, Auswürfen und anderen Ingredienzien durchtränkten, nach Menschenfleisch stinkenden, fauligen Matratzen, und der Brandgeruch hatte tatsächlich etwas von verbranntem oder angesengtem Fleisch.
Und dann hinunter in die Subway, in diese andere eisenstarrende Unterwelt. Ich sage eisenstarrend und meine die vielen Träger, schwarzeisernen Stützpfeiler, die die häßlichen Decken tragen. Da unten herrscht ein wahres Gittersystem, die schwüle Luft ist vergittert, der unterirdische Raum mit seinen Passanten in lauter eiserne Zellen gesperrt, und wenn die Züge daherdonnern, tönt es, als zerrten Millionen von Eingesperrten an den Stäben und rasselten mit Handschellen.
In New York wird die Unterweltfinsternis mit Eisenschwärze schraffiert, ich habe an Gefängnisse gedacht, ich hätte da unten ebensogut an Konzentrationslager denken können oder an Schlachthäuser. Dagegen sind die blechernen Züge in ihrer vandalischen Bekleckerung, Bemalung, Vernutzung und Verwilderung wunderbar gastfrei, natürlich vor allem im Innern. Nie

habe ich diese Form von »Freiheit« oder soll ich sagen, von Sich-Gehenlassen? und, ja, von Gleichheit empfunden wie in den Wagen der New Yorker Untergrundbahn oder Subway.

Zwar herrscht so gut wie keine Kommunikation unter den Fahrgästen, aber die für die Gefahrenstrecke einer Fahrt zusammengewürfelten und -gepferchten Menschen verhalten sich, als hätten sie allen Ehrgeiz, alle Not und alle Unterschiede – der Klasse, des Ansehens, des Vermögens, des Intelligenz- und Bildungsgrades und Titels, der Hautfarbe, der Religion, des Geschlechts und des Alters – vergessen; als hätten sie ihr Privatleben, ihr Leben oben deponiert und liegengelassen. Sie wirken merkwürdig entkleidet, entbunden, entwöhnt; und enthemmt.

Einmal mit einem am Boden liegenden Schwarzen gefahren, der nur ab und zu wie in konvulsivischen Zuckungen nach der in Armeslänge torkelnden Flasche grabschte. Weiß der Himmel, wie lange er schon in dieser Lage transportiert wurde, aber niemand kümmerte sich um ihn, man übersteigt diese Packung Mensch vorsichtig wie eine tickende Bombe, nur nicht anrühren, man vermeidet es, ihn auch nur mit einem Blick zu streifen, es könnte ja, durch den Kontakt entzündet, etwas weit Schlimmeres aufsteigen und ausbrechen als nur der Geist aus der Flasche.

Da ist man wirklich zur Disposition gestellt, in diesen rüttelnden Wartezimmern, die mit ihrer Menschenfracht voller Schreckenserwartung so monoton unter Tag dahindonnern.

Und oben starren die gigantischen Latten aus Stein maßstablos zum Himmel, den sie kratzen; und bilden

diesen unglaublichen Zaun der Zähne vor einem
Äther, in dem die Flugzeuge wie Fliegen erscheinen,
wenn sie das bleckende Gebiß überfliegen. Und
nachts, etwa von der Rainbow-Bar des Rockefeller
Centers aus, erscheinen sie als lichtdurchschossene
Waben in einer Art Unterwasserschwärze, unwirkli-
che Waben, Korallengebirge, und den Trinker erfaßt
eine eisige Einsamkeit da oben in seiner Glasglocke
von Bar, da hilft kein Alkohol, er könnte ebensogut in
einer Raumstation hocken irgendwo im Weltall, ange-
schnallt auf einem Barstuhl, umgeben von diesem
Raumton, der sich ins Gehirn bohrt: extraterrestrisch
oder im Hades.
Unten sind die Straßen kaputt, ganze Viertel legen
sich hin wie sterbende Saurier, die sich selbst überlebt
haben, legen sich hin und in Falten und Schutt. Und
die Subway deportiert immerzu Millionen von Menschen durch den an den Stationen eisenklappernden
Untergrund, um sie irgendwo an einer dieser namen-
losen, bloß numerierten Straßen wieder an den Tag zu
schaufeln; in der Bahn drinnen aber herrscht die läs-
sigste Nonchalance (nach außen), da ist einfach alles
möglich an Aussehen und Auftreten oder Benehmen,
und niemand kümmert sich um den andern, auf diesen
stummen Parties, wo man nebeneinander und sich
gegenüber sitzt, während der Zug durch die Schwärze
saust, Schwarze und Puertorikaner, Mexikaner, und
der feine Herr aus Boston, Nackte und Kostümierte
und welche im Pyjama, und die Allerfettesten, die
man je zu Gesicht bekam, sitzen da und hoffen nur
eines: wieder empor- und anzukommen oder auch
nur: mit dem Leben davonzukommen, das sie oben

abgegeben haben, sitzen scheinbar entspannt da in der allergrößten Freiheit und Gleichheit und ohne jedes Interesse.

Und in den Straßen, den kaputtesten Straßen der Welt voller Löcher, Fallen und Gruben, so daß die Wagen wie Schiffe bei hohem Seegang daherschaukeln, das wird in Filmen nie gezeigt, dieses Schaukeln – nie so kaputte Straßen gesehen; da unten latschen die Leute in der gemütlichsten Gangart, im Negligé daher, an der Büchse Cola oder Bier suggelnd, den brüllenden quietschenden Transistor unterm Arm.

Und dann werden wieder ein paar von ihresgleichen ins Weltall geschossen, es werden die allerhöchsten Wolkenkratzer, das Schwanken mitinbegriffen, errichtet, der höchste schwankende Turm aller Zeiten, der die Bevölkerung einer ganzen Stadt faßt, Rekordturm, und die Filmindustrie macht sich daran, diese Leistung zu allerneuesten niegesehenen Horrorzwekken auszubeuten, das zieht wiederum Millionen in die Kinos; und unten auf ebener Erde in den Schluchten dieses Betongebirges das zuckende Fleisch in den Orgien des Sexus, des Rocks und des Punk Rocks, der Mordlust, und das Winseln der Polizeisirenen und die Brunftlaute der zu Feuersbrünsten aufgebotenen und bestellten glänzend schönen, kinderbuchschönen Feuerlöschwagen, bemannt.

Und dann dieses Hotel »Woodstock« an der 43rd Street, West; der Reigen der Alten in der Empfangshalle, dieses stumme Bild eines angehaltenen und jetzt schon verewigten Lebens, das den Besucher berührt wie die in immer derselben Rille drehende Grammophonplatte oder wie ein Alptraum oder wie der Mythos vom Sisyphos. Der Stall- und Fäulnisgeruch. Und die eisigen, im Sommer wohl brütend heißen Katastrophenstockwerke von der siebenten Etage an aufwärts.

Eines ist gewiß: vom »Woodstock« aus erscheint alles anachronistisch, antiquiert, was noch vom alten Europa übrig ist und uns vorschweben mag –

ein italienisches Landstädtchen wie dieses hier zum Beispiel, auf das man über gewundenen Straßen zufährt, hügelauf und hügelum, teils von torkelnden Zypressen begleitet oder von schräg abfallenden Ölbergen, die Blätter der Olivenbäume, silbern und schattig, dunkeln im leichten Wind wie die zwei Seiten der Medaille, und immer die erlesene Silhouette eines solchen Städtchens vor Augen, das auf einer Hügelkuppe mehr wie ein Inbild schwebt als steht, der Umriß hat das zimperlich Gespreizte eines großen Vogels im Nest, vielleicht eines Kranichs, der seine Schwingen über die Brut breitet, und der Hals wäre der Glockenturm, der Campanile, aber beim Näherkommen nimmt das In- und Wappenbild Gestalt und Mauern an, es sind die Fassaden alter bröckliger Palazzi, und dann der Platz, wenn man einfährt, mit dem Denkmal in der Mitte, der Platz wiederum von alten Fassaden umgeben und die zwei Bars und eine mit dem T für Tabacchi; die knöcherne Stille des Alters, einesteils schon fast pergamenten und durchsichtig, das Alte, andererseits echte Civiltà, wenn auch in der Provinz. Die Menschen sind hier keine Enthemmten, lutschen kein Cola oder Bier aus der Büchse im Gehen, sie sind strenge Zivilisten und Borghesi, und die Jungen, die Vitelloni, in der Bar oder in Gruppen vor der Bar draußen auf dem Platze, träumen und sehnen sich mit allen Fasern hinaus aus diesem abgelegenen, altersstillen schönen Ort, hinaus in die Welt, zum Beispiel nach New York, das sie vom Kino her kennen und verehren.

Bericht aus dem Koffer und
durch das Fenster

Wir kamen kurz nach Neujahr in dem toskanischen Hügelstädtchen an und bezogen das große Haus bei höchst ungünstigen, für die Zone extrem schlechten metereologischen Bedingungen. Wir krochen unter, offenbar hatten wir das Bedürfnis, uns zu verkriechen. Aber innerlich waren wir überhaupt nicht da, nicht in Italien, nicht in der Toskana, nicht in dem Haus. Wir waren wie Zwangsumgesiedelte, und wir begannen zögernd, uns einen Alltag einzurichten.
Dieser Alltag hatte mit andauerndem Feuern und Kochen, also mit dem Kampf gegen die Kälte zu tun; mit viel Schlafen, mit Lesen, Panik, langen Gesprächen, auch Auseinandersetzungen und wieder Versöhnung. Und dann allmählich mit Arbeiten, Verarbeiten. Mit Fußfassen? Ja, denn zunächst galt es, im Hause selbst Fuß zu fassen. Das Haus hatte alles in allem an die zehn Räume, aber heizbar war es, wenn man von zwei Elektroöfen absah, hauptsächlich durch Kaminfeuer. Es stand seit Monaten leer, war durch und durch feucht, zu Beginn schien es uns schlechtweg unbewohnbar. Nach verschiedenen Campingversuchen quer durch die Zimmer und Säle der beiden Stockwerke landeten wir schließlich gegen alle Vernunft in einer Art verglasten Veranda, wohl des Lichts und der unumschränkten Aussicht und Fernsicht wegen. In diesem vorgeschobenen Posten mit den zwei großrundbogigen Fenstern, die die ganze Hügel-

landschaft einnahmen, saß und stand man wie im Cockpit eines Flugzeugs, und hier in diesem wohl kältesten, bei Sonne aber lichtdurchfluteten, im Nu sich erwärmenden, weil treibhausartigen Terrassenraum spielte sich unser Alltag, unser häusliches Leben mitsamt Essen und Schlafen und Arbeiten ab.

Allmählich lebten wir uns ein, aber das Exilgefühl hielt an, auch nachdem wir uns einigermaßen auszukennen begannen und dies nicht nur im Haus und Städtchen selbst, sondern in der ganzen Umgebung. Im Unterschied zu unserer nächtlichen Ankunft, es war am dritten Januar gewesen, und wir hatten uns, da es im Ort kein Wirtshaus gab, auf die Suche nach einem uns empfohlenen und bezeichneten Landgasthaus gemacht; im Unterschied zu diesen ersten, mangels topographischem Vorstellungsvermögen irrgartenähnlichen Landschaftseindrücken lernten wir die Beschaffenheit der Gegend und weitere Teile der Provinz bis zum Grade des Auswendigwissens kennen, wir kannten die Straßen mit dem Haftgefühl der Autoreifen, alle Löcher, die vom Frost aufgerissenen Stellen, die weggeschwemmten Straßenstücke, die markanten Baumgestalten als Orientierungspunkte. Der Irrgartencharakter verlor sich. Und dennoch blieb alles seltsam ungreifbar. Wir lebten wie in einer Taucherglocke, wir lebten durch das Fenster und aus dem Koffer.

Jedenfalls waren wir noch lange nicht *da*. Eben waren wir noch in New York gewesen, waren durch diese Stadt wie durch ein viel zu großes, ein gigantisches kopfstehendes Wartezimmer gestolpert, wir waren auch auf den Highways gerollt unterwegs nach den

Südstaaten. All das war noch unverdaut, hing uns noch an und immunisierte unsere Empfänglichkeit für Neues. Wir waren noch nicht angekommen, da wo wir waren, in dem steinbeinkalten Haus, wir befaßten uns mit Naheliegendem, mit Feuern und Kochen und mit Lesen, schließlich mit Arbeiten, das Leben wartete ja nicht wie ein Hund draußen vor der Tür, bis wir bereit wären, es herbeizurufen, herbeizubefehlen. Wir lebten uns ein, aber wir lebten geistesabwesend, starblind.

Nachts durch die beiden rundbogigen Fenster sind bei einigem Glück die zitternden Lichter einer kleinen Stadt auszumachen weit unten am Horizont. Die in der Nachtluft wimmelnden glimmenden Punkte, diese ferne Glühkäferkolonie sind Cecina oder Piombino. Meeresstrand, sagen wir uns, hier oben hinter den rundbogigen Fenstern, in diesem Ausguck.

In diesem Ausguck befinden wir uns mitten in der Stadtmauer eines Hügelstädtchens, auf etwa fünfhundert Meter Höhe. Um die vierzig Kilometer Hügelland trennen uns vom Meer, nachts sind die Hügel eine kaltgrau geworfene Mondlandschaft, dazu das fernere, nähere Kläffen Jaulen Winseln von Hunden, die sich etwas einbilden, um Angst zu haben.

Bei Sonnenschein, bei klarer Sicht sehen wir hinter den Hügelketten das Meer und im gleißenden Streifen Wasserhorizont fingerhutgroß die Insel Elba und der Kaiser der Kaiser gefangen.

Die Hügellandschaft heiße ich immer ein Bibelland, möglicherweise weil sie einst die Vorlage abgegeben hat für Szenen der Heiligen Schrift, früh, im Trecento, Quattrocento, und an diese Urbilder lehnten sich all die Stiche an, die unsere Bilderbibeln schmücken. Es ist eine aus vielen lagernden Rücken sich entfaltende, eine vielbusig weichhügelige und manchmal stämmig bis muskulös anmutende Hochlandgegend, karg, was die Vegetation betrifft, Buschwald und Steppe. Ginster. Eindruck eines Erdfells mit teilweise kahlen abgewetzten Stellen und wieder krausem Belag. Und die schwarzen Kleckse der Zypressen. Ölberg, Pinie und Zypresse. Und kaum ein Gehöft, allenfalls eine Cabana, aus Stein. Ab und zu ein Jäger mitten in der Landschaft, piff paff. Oder mit der Flinte unterm Arm, den Lauf rückwärts geklappt.

Es ist aber auch eine vulkanische Gegend, die raucht und nach Schwefel riecht, der Schwefeldampf hängt in fetten Rauchschwänzen aus vielen bauchigen Kaminen, das sieht aus, als dampfe das ganze Hügelland aus vielen Töpfen. Der heiße Dampf wird in Pipelines aus Aluminium querfeldein zu den Kraftwerken geleitet, die ihn in Elektrizität umwandeln, das gleißende Röhrenwerk legt sich wie Silberspangen über Busch, Feld und Tal.

Drüben in der Meeresferne der unsterbliche Gefangene der Insel und hier oben im felsigen Riff wir zwei im Exil.

Wenn das Tageslicht schwand, fiel die ganze heilige Hügellandschaft vor den Fenstern in diese graue Geworfenheit ab. Zwar lag alles noch da, aber jetzt unlieblich, abgerückt. Die Scheiben waren nun wirklich die Epidermis unserer Kapselexistenz, wir wohnten in einem gläsernen Auge da oben. An den Scheiben stehen und fern die Lichtpunkte anträumen.

Tags ist es anders, tags reckt und streckt sich das

Fensterland im Dunst mitsamt dem bräunlich verblauenden Erdfell, mit Haut und Haar regt und atmet es. Die rennenden schwarzen Hühner, die Wäsche aufhängenden schwarz gekleideten Weiber. Die rauchenden schwänzelnden Kamine, die funkelnden Wolkengebirge, die schwebenden Städtchen auf fernen Hügelkämmen.
Und wir in der Glaskapsel. Der knatternde Kamin, der Knall von platzendem Holz, zwischendurch ein Rauchstoß aus dem Kamin, immer dann wenn der Wind einfährt. Das Kofferradio mit italienischen Sendern oder *France inter* oder Monte Carlo; Chansons, Canzoni, Jazz, Nachrichten, Zeitangabe, klassische Musik, Nachtmusik.
Manchmal sitzen wir Stunden am Feuer, das wir bewachen, bezirzen. In Ermangelung eines Schachspiels Pyromanie spielen, die Feuerzange in der Hand. Dein Zug, mein Zug. Dann der Gang in den tiefen Keller zum Holzholen. Und immer derselbe Ausblick vor den Fenstern. Der Schritt ans Fenster ist der erste nach dem Aufwachen. Tagbegrüßen. Was für ein Tag heute. Gutes oder nach wie vor scheußliches Wetter. Landschaftsansprache. Rede an die Hügel.
Seit Menschengedenken keinen dermaßen nimmerendenden Winter gehabt, sagen die Leute.
»Jetzt sitzen wir in der Toskana und insofern in der Patsche, als eben in diesen Tagen gewaltige Stürme über das Bibelland gehen und an den Mauern und Verglasungen rütteln und mit Windstößen durch den Kamin einfahren, uns also das mühsam in Gang und Brand gehaltene Feuer in Rauchgarben vor die Füße schleudern, so daß wir andauernd mit tränenden

Augen nach den großrundbogigen Fenstern schielen, ob sie wohl bersten, in Scherben gehen und der ganze regenvermischte Sturm hereindonnert; das kracht, winselt, lärmt ohne Ende Tag und Nacht und zerrt an den Nerven und laugt das Gemüt aus; so daß wir eigentlich immer mit Notmaßnahmen beschäftigt sind, man lebt wie auf einem lecken Boot. Wir husten uns durch den Tag...«

Ich schreibe kleine Briefe dieser Art nach außen, weniger aus einem gezielten Mitteilungsbedürfnis, als um den Sender zu betätigen. Doch vielleicht schreibe ich auch nur, um die Begriffsstutzigkeit aufzulösen.

Aber es gelingt nicht, und manchmal hat selbst der Taubenflug etwas Finsteres, Unheilvolles – wie von Hitchcock. Es gibt viele weiße Tauben, sie sind schlanker, feiner als die fetten Stadttauben. Von unserem Hochsitz aus beobachten wir ein Pärchen, sie trennen sich nie. Wenn der eine Vogel abhebt, folgt der andere gleich nach, kurz darauf kann man sie anderswo einträchtig nebeneinander picken, ruckend trippeln sehen. Das Einfallen der weißen Vögel vor den schmutziggrauen Hügeln – Geisterspuk, feindliche Prophetie. Die innere Entfernung, wenn nicht seelische Lähmung – hängt es nur mit privaten Umständen zusammen, der höchstpersönlichen Verstörung eines Menschen, der sich einigermaßen mühsam zu seinem Leben emporwühlt? Ist es die amerikanische Reise, hat Amerika die Kontaktstörung mitverursacht? Jedenfalls hat das alles nicht mehr den Stellenwert von einst, es ist zusammengeschrumpft zu irgendeiner beliebigen Landschaft unter unzähligen, einer Bilderbuchlandschaft, zu einer Illustration von

etwas, zu etwas Verblichenem, Braunstichigem, Verschlafenem, Fernem, Fernem; es ist kaum mehr zu erreichen, es liegt in einem Dornröschenschlaf, *nice* und anachronistisch, alte alte Welt –
Es leben ja im übrigen auch mehrheitlich alte Leute im Städtchen, Leute, die sich selbst überlebt haben wie die vielen alten Männer, die tagsüber die drei Bars füllen. Die Tischchen sind stets von Alten besetzt, ausschließlich Männern, die im allgemeinen nichts konsumieren oder, wenn es einmal geschieht, dann auf Einladung eines Passanten sich ein Gläschen oder einen Espresso genehmigen; sonst sitzen sie einfach da, die Hüte oder Schirmmützen auf dem Kopf, Stöcke in den knotigen Händen, sie warten und füllen die Öde dieser Säle mit ihrer Gestik, ihren Sermonen, dem Altmännergeruch. Die Alten haben nichts zu tun, sie sind Rentner, und in der Bar ist es gemütlicher, weil geselliger als zuhause, und hier zu sitzen und den Tag zu verbringen scheint ihr gutes Recht, es liegt nichts von Duldung in der Luft, eher schon Eigensinn und Greisenstörrigkeit, Disput, Rechthaberei, und der Wirt behandelt sie nicht mit Herablassung, nicht mit Gereiztheit, sondern mit Respekt.
Die eine Bar wird von einem Metzger betrieben, er bedient in beiden Zweigen seines Unternehmens, die lediglich durch einen Gang geschieden sind, in welchem sich die öffentliche Telephonzelle befindet. Im einen Flügel die Bar, ein überfülltes Tagungslokal für das permanente Greisenparlament; nebenan in der Metzgerei, wenigstens gegen Abend, eine reine Frauenzusammenkunft. Die Metzgerei, ein hohes marmorkaltes Lokal vom Ausmaß einer Kapelle mit einem

aufgesockelten ebenso monumentalen Ladenaufbau, auf welchem hinter Glas die Fleischwaren ausliegen, ist das Forum der ortsanwesenden Weiblichkeit. Die Frauen stehen in Gruppen herum und sitzen längs der Wände auf Sesseln, das bringt eine Note von Damenvorzimmer in das sonst blutigernste Geschäft des Mannes, der auf seiner Bühne mit Messern hantiert. Er setzt sich vor einem Damenpublikum zur Schau, und er hat den Melancholikerblick. Diesen Schuld- und Trauer- und Seufzerblick richtet er an seine Kundin, wenn er unter Zuhilfenahme der offenen linken Hand feierlich die breitlappigen Tranchen, überdimensionierte Fleischlappen abschneidet. Er ist immer zu Diensten, immer brüderlich zu Diensten, ein Frate.
Er geht einmal die Woche schlachten, und dann hängt ein an einem Kettenaufzug angebrachter Ochsenkadaver von der Decke, mitten im Lokal, unten bildet sich von dem zarten Tröpfeln eine blutige Lache; und darum herum sitzen die Frauen. Und dann geht er hinüber in den anderen Flügel seines Unternehmens, um da mit seinen blutigen Händen die kleinen Tassen aus der zischenden Kaffeemaschine abzufüllen. Der andere Metzger am Ort war ein junger Bulle, feueräugig Frauen gegenüber.
Unsere Kontakte nach außen beschränken sich auf ganz wenige Personen, Metzger, Krämer, Holzhändler, mit einer Ausnahme: Agostina. Sie ist die Schlüsselverwahrerin unseres Hauses, die Vertrauensperson unserer Freunde, der Hausbesitzer. Wir besuchen sie täglich auf einen Schwatz.
Tür und Fenster sind immer geschlossen, die dahinter-

liegende Küche in Lampenlicht getaucht, da ist kein Tageslicht zugelassen, und drinnen, den Doppelherd im Rücken und das große Buffet mit den niebenutzten Vasen und Souvenirs vor Augen, sitzt sie statuarisch über ihren Strickstrumpf gebeugt, sie folgt dem flinken Wachstum des Strumpfs nicht nur mit den Augen, sondern mit der Nase, das sieht aus, als wolle sie das aus ihr quellende Wollzeug wieder aufessen. Sie hat ein gefurchtes starknasiges Gesicht unter einem struppigen Männerhaarschnitt und der dickglasigen Brille wegen etwas Eulenhaftes.

Neulich mußte ihr Mann operiert werden, es handelte sich um eine Hernie, Bruchoperation, sie habe kein schlimmes Vorgefühl, vor kurzem habe ein über Achtzigjähriger dieselbe Operation gut überstanden, trotzdem war sie merklich beunruhigt. Nach glücklich überstandener Operation ist sie zu ihm ins Spital gezogen, um zur besseren Pflege zur Hand zu sein.

Quinto, ihr Mann, ist gegen siebzig und brandmager, er wiegt vierundfünfzig Kilo, sagt er, trägt immer dieselbe Jägerjoppe mit den vielen Taschen und dem doppelten Rücken zum Verstauen der erlegten Vögel, auch ein Hase dürfte dahinein passen, er behauptet ja auch immer, auf Jagd zu gehen oder von der Jagd zu kommen, bis vor kurzem handelte es sich um die Wildschweinjagd, das Cinghiale, jetzt, da diese Jagd geschlossen ist, um Singvögel. Er hat ein mageres Gesicht mit großabstehenden Ohren, und er schielt beim Essen immer zum Fernsehapparat hinüber mit einem Ausdruck kindlicher Wundererwartung, einem Ausdruck, den man bei Schwerhörigen antrifft, aber er ist bloß begriffsstutzig, dies vermehrt uns Ausländern gegenüber. Wenn nicht auf Jagd, ist er in der Bar, nicht derjenigen des Metzgerfrate mit dem Melancholikerblick, in einer andern, beim Kartenspiel, auch er ist Rentner; oder er geht die Bestien füttern, das heißt, die Hunde, Hühner, Tauben, Kaninchen, die er, wie jedermann aus dem Städtchen, eine halbe Stunde Fußweg entfernt in einem Schuppen hält. Die Hunde bleiben die längste Zeit ihres Lebens angekettet, das Winseln, Heulen, Bellen, Kläffen, Klagen der vielen sich selbst überlassenen, sich langweilenden Hunde hört man Tag und Nacht.

Agostina kocht zwei Mal täglich aufwendig für den neben ihr knabenhaft wirkenden Jägergemahl, dem die reichliche Kost nicht anschlägt. Beim Stricken, wenn sie sich über die Wolle kuschelt, stiehlt sich ein kleinmädchenhafter Zug in ihr Gehaben, etwas Verschämtes. Tauben, sagt Agostina, die sich am liebsten Liebesfilme zum Weinen ansieht, töten sie durch Eindrücken des Hirns mit dem Daumen, die Hühner packt man am Hals und wirbelt sie herum, bis das Genick bricht, während man dem Hasen mit dem Prügel den Kopf einhaut; Schweine kriegen den Stift.

Die wuchtige Agostina und der drahtige Quinto sind unsere einzigen näheren Bekannten im Städtchen. Wenn wir einmal nicht zu Besuch kommen, erkundigt sie sich indigniert über unser Ausbleiben. Kommen Sie doch abends herüber, Sie machen bestimmt keine Umstände, kommen Sie bestimmt, sagt sie immer. Wenn wir da sind und der Kaffee oder Wein eingeschenkt ist, ergibt sich aber nur ein kurzer Austausch von Floskeln, danach beginnt sie umso hingebungsvoller zu stricken, es liegt etwas Rührendes in diesem ewigen Umgang mit den Nadeln in Gegenwart der Gäste, etwas Trauriges, möglich daß im Verstummen nach erbrachter Bewirtung noch etwas anderes mitspielt – sie ist es ja, die im Palazzo die Pflichten einer Hausbesorgerin wahrnimmt, Ehrerbietung? Agostina spült ab und macht sauber, wenn unsere Freunde das Haus bewohnen.

Zwischendurch schaut sie auch mal bei uns vorbei, allerdings nie ohne Grund, meist handelt es sich um Telephonanrufe, die wir, da es im Haus keinen Anschluß gibt, über ihren Apparat empfangen. Sie kommt herüber, um uns auf einen späteren Zeitpunkt zu sich zu bestellen zur Entgegennahme eines vorangemeldeten Auslandgesprächs. Dio, Dio, Dio – murmelt sie seufzend, wenn wir aufmachen: es ist schwierig, von unserem Terrassenraum aus ihr Poltern zu hören, es gibt keinen Klingelzug an der Haustüre.

Da wir keine Uhr dabeihatten, lebten wir außerhalb der Zeit, recht eigentlich nach Sonnenstand. Wenn die Sonne überm Haus steht und miteinmal hereingleißt, ist es Mittag. Danach sieht man sie westwärts wandern, es gelingt gut, je nach dem Stand des leuchtenden, meist leider milchig trüben Runds die Stunde abzuschätzen. Noch an den schlimmsten wolkenverhangenen regenverschmierten Tagen gelingt es gleich, die Lichtquelle zu erraten. Wenn ich arbeite und die Arbeit vorangeht, so daß ich die Hügel vergesse, ist es immer ein Staunen, die Scheibe tief am westlichsten Horizont auszumachen, wo sie kurz stehenbleibt, um danach zeremoniös zu verschwinden.

Um Verabredungen genau einzuhalten, mußten wir

indessen das Zeitzeichen im Radio abpassen. Unser Zeitgefühl richtete sich außerdem nach allerlei immerwiederkehrenden akustischen Signalen. Ein solcher Anhaltspunkt war das Bimmeln der Glocken am Nachmittag, das mickrige meckernde Bimmeln zur Vesper, es zeigte die fünfte Stunde an. Der Pfarrer war ein noch jüngerer Mann, wir waren ihm des öftern begegnet, wenn er, sportlich in Pullover und Windjacke, seinen Schäferhund ausführte. Dieser Hund tollte wild durch die engen Gassen, er war der einzige freigelassene und wohl auch der einzige glückliche, weil geliebte Hund am Orte.

Dieser Ort ist, wie alle anderen der Gegend, durchaus städtisch angelegt, aus einem Felsenguß von außen gesehen, hermetisch und labyrinthisch im Innern. Man geht auf diesen holprigen Sträßchen und Gassen wie auf schmalen Stegen. Wenn ich die Arme ausstrecke, kann ich die Türen die Mauern beidseitig berühren. Immer auf diesen Stegen und Steigen, immer in diesen braunen atmenden Mauern, man geht wie auf einer schwankenden Reling unter Torbogen hindurch, über Treppen, krummlaufende Brückenpassagen, auf und ab geht's, weiß nie, wo man ist, auf welchem der gestaffelten Ränge, in einem Termitenbau könnte es sein. Das Pflaster ist bucklig, man fragt sich verwundert, wie die Wagen es geschafft haben, da Eingang zu finden. Die eigenen Schritte hallen bedeutungsvoll in den vielen lauschenden Mauern, diesem Rahmen, das Ganze ist ja wie Bühnenarchitektur. Doch ist es selten, daß überhaupt jemand unterwegs ist, wenn nicht der Pfarrer, ein verschrumpeltes Weiblein mit Bürde.

Einmal die Woche, am Samstag, tönt eine roboterige Lautsprecherstimme zu unseren Fenstern hinauf, »lavanderia secco, secco, lavanderia, tutto via«, kracht die Stimme, es ist der Lautsprecher eines Camionfahrers, der für ein Reinigungsgeschäft Aufträge einholt, der Wagen bedient große Teile der näheren Provinz. Mit den paar Marktfahrern zusammen bildet er die wöchentliche Sensation in unserem Ort.

Wir fahren auch in die umliegenden Städtchen, wir fahren um einzukaufen, aber im Grunde fahren wir aus, um überhaupt hinauszukommen. Immer schön, durch die Hügel zu kurven, ich empfinde das Tauchen und Steigen auf dem Rücken der Erde, das Licht empfinde ich, die schräg torkelnden Zypressen, die uns plötzlich ein Stück des Weges begleiten, schwarz vermummt, und zurückfallen, das alleinstehende Wirtshaus mitten im Feld, auf das eine Tafel hinweist. Ich registriere die struppigen strauchigen Passagen und diejenigen, die beidseitig Steppe und Äcker eröffnen. Aber die meiste Zeit ist's einfach Hochland, lockig und trocken, für Hase und Hund. Und dann das plötzliche Auftauchen der rotmörteligen breitgespreizten Landstädtchen auf schönen Hügelkuppen des Horizonts, Landpomeranzen.

Das Fahren ist ein sinnverwirrendes hälseverdrehendes Kurven, mit der Nase im Wind und den wildernden Gerüchen, und dann wird man der kompakten Stadtsilhouetten gewahr, die Silhouetten haben eine reizvoll verzogene Form und aufregende Akzentuierung, ein apartes Disegno wie von Lorrain erfunden. Sie bieten sich in einem aschigen Braun dar, einprägsam und traumtrüb in einem, wie wenn sie wirklich aus einem nachgedunkelten Bild herüberwinkten. Rauchgrau, unverhofft und entrückt, déjà vu; aber wo?

So ist es mit allem hier. Merkwürdig bekannt und verschüttet, wie wenn man es schon einmal erlebt hätte, dasselbe Erschrecken, genau dasselbe, dieselben Gedanken über dasselbe gedacht, aber wo, wann war es? Wie wenn dich ein Traum verfolgt, den du nicht heben kannst.

So ist's mit der Bäuerin im Nachbarort, wir nennen sie so, sie ist aber Wirtin, weil sie uns außer Gemüse und Früchten auch Wein verkauft. Als wäre alles Wiederholung, die Schritte nach der unveränderlich immerselben Choreographie, durchqueren wir den mit allerlei Kübeln, Kübelpflanzen, Kisten, Scheiterhaufen unratartig überstellten Hof. Es gibt auch einen Pfau in einer Voliere im Hof und außerdem in einem Käfig eine spazierende Wachtel. Die Tür zur Bar ist aus schwerem Glas, dahinter ein geschürzter Perlenvorhang. Und dann stehen wir in der langen finsteren Bar mit den vielen ausgestopften Vögeln hinter der Theke, Eule und Falke und Elster, Perlhuhn, Fasan, Auerhahn; und kapitale Wildschweinköpfe wachsen aus der Wand mit der Physiognomie von feisten listigen Priestern und zeigen ihre Hauer; und überm Fernsehgerät sind Fuchs und Dachs in zähnefletschender Pose, das geht so fort über alle Wände und Winkel, ein verstaubtes Museum ist die Bar; und gleich beim Eingang geht's in eine Küche mit riesigem Kamin, und nun taucht die Bäuerin aus dem Dunkel, um den Wein abzufüllen oder nebenan in der Remise die Früchte und was wir sonst noch brauchen, die Zwiebeln abzu-

wiegen, alles Eigenproduktion, was da liegt, auch
Eingemachtes ist darunter, Pilze in Gläsern, die Gläser zieren das in einem Hinterzimmer geführte Restaurant.

Die Bäuerin ist eine schlanke, jung wirkende Frau,
immer allein, dunkel ist sie, mit flaumigem Gesicht,
einem Hauch von Bart, und sie hat dieses sich von
innen erwärmende Lachen und Leuchten, als könne
sie immerzu über etwas glücklich sein. Immer scheint
sie allein und hat dieses wilde Glück im Gesicht.

Manchmal essen wir bei ihr im Hinterzimmer, die
Nudeln sind hausgemacht, und neulich gab es neue
Gäste, ein junger Mann mit Brille nahm da sein Essen
ein mit der Allüre des Intellektuellen, dann kamen
vier Männer vom Elektrizitätswerk dazu, sie setzten
sich an den Nebentisch in ihren Berufsanzügen; und
am Tisch daneben allein ein stämmiger Mann, Rundgesicht mit glänzenden Augen, der wandte sich mit
einer wohl- und volltönenden Stimme an die müden
Esser. Auf einmal greift sich der Alleinsitzende das
Akkordeon von einem Stuhl und beginnt, in seinen
Landarbeiterhosen und mit seinen dicken Bauernfingern, zu spielen und dann zu singen, er spielt mit
unerwarteter Leichtigkeit, virtuos und betörend, und
dann beginnt er zu singen, er hat eine tubahelle
Stimme, und mit diesem Bläserorgan singt er, Lieder
aus der Resistenza, und dann erhebt er sich und
beginnt mit einem leicht tänzelnden Schritt vom ganzen Lokal Besitz zu nehmen, ein Künstler. Plötzlich
sehe ich, wie sich hinter dem singenden Akkordeonisten die Bäuerin aufstellt, nun weiß ich auch, was
dieses inwendige Glück bedeutet, das sie ausstrahlt, es

gilt diesem Mann, der ihr Mann ist. Und dann sagt er, die Freude, die wahre Freude, die gibt es nicht mehr, die gab's früher, heute in dieser Welt ist das nicht mehr. Und noch etwas hat er gesagt, etwas von der Taube, wenn man jung sei, habe man mehr am Vogel und im Alter mehr Frieden, sagt er; und ich merke, daß seine jetzige Gebärdung nur mehr ein Abglanz ist von dem, was er früher an Naturgewalt, an *Leben* besessen haben muß, und das hat die Bäuerin immerzu vor Augen, wenn sie allein ist und strahlt: dieses Bild – ihr Geheimnis. Ein Pferd haben sie auch, ein Reitpferd. Zum Wärmen stellt sie uns einen Eimer mit glühenden Kohlen unter den Tisch.
So wie das Einholenfahren ein Ereignis war, so war auch das Kochen ein stundenfüllendes Unternehmen. Wir kochten Suppenhühner mit viel Gemüse, um hinterher die dicke Minestrone abzuzapfen, brieten Hammelkeulen. Nach dem Schlachttag gab's Leber, die grillten wir mit viel Salbei. Zu den Nudeln und Makkaroni machten wir ein Sugo, das wir mit roten Pimenten aufheizten. Alles war erstaunlich billig zu haben. Wir kochten in der großen eisigen Küche in Shawls und Pullovern. Und dann trugen wir die dampfenden Töpfe in den verglasten Terrassenraum, nah an den Kamin. Wir aßen zur Musik aus dem Kofferradio und zu den Geräuschen von platzendem Holz und klappernden Fensterscheiben. Der Terrassenraum war ohne Tür, wir hatten einen schweren Vorhang in den Torbogen eingehängt, bei Wind bauschte sich der Vorhang, ein Glockenrock. Ich liebte das Geschirrspülen, um nachzudenken, während die Hände im warmen Wasser badeten. Ich liebte das

Stapeln und Einräumen der Vorräte, auch das Kleinholzschlagen im Keller.
Manchmal fuhren wir in ein benachbartes Städtchen, um Orlando zu besuchen. Sein Lokal hat eine von Wein überdachte Terrasse, die sommers ein laubiges Licht in den weißgekalkten Barraum werfen muß. Der Barraum ist durch einen Backsteinbogen vom Hinterraum abgetrennt, vorn gegenüber der Theke steht eine Telefonkabine, Posto pubblico, im Hinterraum wenige einfache Tische, die Wände kahl bis auf zwei kleine Medaillons, sie hängen verloren hoch oben und weit auseinander und stellen Pierrot und Kolumbine dar.
Zwar gibt es noch einen Festsaal im Anbau, er hat das ungemütliche Aussehen einer Sakristei und soll zuletzt achtundsechzig Personen zu einem Jägerbankett aufgenommen haben. Orlando ist stolz auf diesen Prachtsaal, er hat ihn selbst gebaut, im Frühling wird er wieder für Hochzeiten gefragt sein, aber jetzt im Winter steht dieser Saal außer Betrieb. Wir sitzen nahe der Küche und meistens mit der Familie zusammen, mit Orlando, seiner Frau, seinen zwei Söhnen.
Die Frau ist aus Cecina, eine Auswärtige, Städterin also, sie ist um etliches jünger als er und hühnerhaft mager, und oben hat sie nur mehr einen Zahn, den sie beim Lachen herzeigt. Orlando aber ist rund und hat einen birnenförmigen Kopf, irgendwie denkt man immer, die Frau und die Söhne und – er. Wohl auch darum, weil er nicht gut hört und deshalb in seiner Rundheit so eingeschlossen wirkt, abgeschlossen. Ausgeschlossen? Er ist nicht nur äußerlich, er ist auch innerlich rund, eine Persönlichkeit. Die beiden Söhne

haben, wie fast alle hier in der Gegend, mit diesen Kraftwerken, Schwefelkraftwerken zu tun, aber nach der Arbeit helfen sie beim Auftragen und auch an der Bar.
Wenn wir kommen, setzt sich Orlando zu uns mit diesem verschmitzten Ausdruck im Gesicht. Er wirft eine einsilbige Frage oder Bemerkung hin und bedeutet uns zuzugreifen, er schenkt gleich ein. Immer diese kleinen Aufforderungen verbunden mit Gebefreudigkeit, es ist wie wenn wir Komplizen wären.
Zum Wein bringt er unaufgefordert von dem schmackhaften Rohschinken, den er selber herstellt, und hinterher, wenn Frau und Söhne aus dem Weg sind, steckt er mir noch ein Päckchen zu, Schinken oder Käse, es ist wie eine Flaschenpost. Orlando hat uns in seine besondere Aufmerksamkeit eingeschlossen, er ist unser Freund. Neulich hat er zart in der Erde geharkt, um den winterlichen Boden um junge Bäumchen aufzulockern. Er hat ein Cäsarenhaupt oder den Kopf eines Condottiere. Auch seine runde bauchige Gestalt würde auf ein Schlachtroß aus der Zeit der Renaissance passen, jedenfalls habe ich ihn schon einmal auf einem Bild jener Epoche gesehen.
Alles schien weit weg auf diesem Dachboden der Welt, wo wir drei Monate verbrachten, abgerückt und: wie schon gewesen, déjà vu.
Jetzt vergoldet die Sonne den Horizont, sie hinterglüht den blauen immateriell gewordenen fernsten Hügelzug, und sie umrandet feurig die bizarren Formen der Wolken und Wölkchen, diesen luftigen Archipel. Und eben waren sie noch umzüngelt von Sonnenglut, nun sind sie erbleicht, aber darüber haben

sich weitere Wolkenwände gespaltet, ein Vorhang riß, und nun gleißt durch diesen Riß ein letztes Mal das Sonnenauge, alles verstrahlend in dem Offenbarungsglanz, Glorienschein, den wir immer mit religiösen Dingen zusammenbringen. Ich sehe dem zeremoniösen Geschehen zu in unserer Glaskanzel, bald wird die Mondsichel zu sehen sein, dann ist's hier drin wie im Weltall. Ich weiß nicht, warum ich das schreibe, ich hätte anderes zu tun, aber vielleicht schreibe ich es, weil es so gut wie nicht gewesen sein könnte, aus solchem Schrecken.

Ich erinnere mich, guten Tag!

Ich nahm einen Liegeplatz ab Zürich und schlief gleich ein. Ich erwachte in Basel, ich hatte laut meinen Namen gehört, ja, ich zweifelte keinen Augenblick daran, daß der Lautsprecher mit diesen krachenden Verzerrungen und Detonationen, die allen Lautsprecherstimmen in Bahnhofshallen eigen sind, meinen Namen ausgerufen hatte. Ich schreckte hoch, kurbelte das Fenster hinunter und schaute angstvoll nach allen Seiten, immer gewärtig, von anrückenden Uniformierten in meiner Furcht und Befürchtung bestätigt zu werden. Wovor fürchtete ich mich denn? Ich reiste legal, meinen Paß und die Fahrkarte hatte ich dem Liegewagenschaffner ordnungsgemäß ausgehändigt, und dennoch fürchtete ich mich. Fürchtete ich mich vor diesem Exodus? weil ich die Schweiz verließ und in die *Welt* fuhr, ich will in die Welt, rief es schon so lange in mir, gerade so, als gehöre Zürich nicht zur Welt.

Während des langen Rangierens zwischen dem schweizerischen und dem französischen Bahnhof, diesem Über-die-Grenze-geschoben-Werden und wieder zurück, diesem unentschiedenen Hin und Her, schaute ich nach den Häschern aus, aber dann fuhren wir, und ich schlief lange nicht ein, ich hatte jetzt die Furcht, daß der Zug entgleise, ich spürte die Räder in den Schienen rattern und holpern, und der Zug raste und raste, mir schien, der Lokführer müsse übergeschnappt sein, macht an die zweihundert pro Stunde, und ich spürte auf meinem Liegebett, wie die Schienen die rasenden Räder eben noch hielten, aber wie lange noch? Und in solcher Panik schlief ich ein, und im Schlaf träumte mir, daß ich im Zug fuhr und daß der Zug raste, aber jetzt im Traum konnte er mir nicht schnell genug rasen, ich begann das Rasen mit meinem Körper zu unterstützen, so wie man durch Vor- und Zurückwerfen des Oberkörpers einen Leiterwagen in Fahrt zu bringen sucht, begann ich den rasenden Zug anzufeuern, ich gab mich dem Fahren hin und, nicht genug, ich ließ das Fenster hinunter und beugte mich weit hinaus, die Arme warf ich in die Luft, ich hing schon halb draußen in dem vom Rasen entfachten Luftkanal, ich war selber rasend vor Lust, und da sah ich miteinmal auf einem kleinen Platz, an dem wir eben vorüberfuhren, dem Hauptplatz eines Städtchens mit Rathaus, Kirche, Nobelhäusern und Denkmal, ein Mädchen stehen, ganz allein und gottverlassen stand es da auf dem ausgestorbenen nächtlichen Platz, allein mit einem Bernhardinerhund, und als ich dem frierenden einsamen Mädchen nachschaute, dem Waisenkind, begannen dessen Augen zu strahlen und dann regnete ein wahrer Sternenregen aus den Augen des Kindes, ein Mädchen mit sternenregensprühenden Augen? nie gesehen und nicht für möglich gehalten, dachte ich im Traume, und dann weckte mich der Liegewagenschaffner auf, um mir Paß und Fahrkarte zurückzugeben. Wir fuhren bereits in Paris ein. Im Abteil waren lauter fröhliche Bergsteiger, alle trugen sie das gleiche rotkarierte Hemd und die gleichen Kletterhosen aus Kordsamt und die gleichen Wollstrümpfe, ich staunte die Bergsteiger an, und dabei kam mir die Stimme, die Ausruferstimme, in den Sinn, und voller Erleichterung wurde mir bewußt, daß ich durchgeschlüpft und angekommen war. Es war gar keine Polizeistimme, es waren nicht Häscher, es war LA VOCATION. Ich in Paris.

Ich krabbelte über die abertausend Glieder der Breitgelagerten, ich schlenderte stakte marschierte rannte durch die Straßen, mit den Beinen durch die unteren, mit den Augen durch die oberen zwischen den Dächern; in den Straßenfluchten mit dem herrlich kanalisierten Himmel, dem hellsten Himmel der Welt, stand ich wie in endlos fortgesetzten Kirchenschiffen, ich sah die Flanken entschweben im alles verzaubernden Licht, da fuhren sie aus und weg, die weißlichen Häuserfluchten, blinzelnd mit allen Ritzen ihrer Jalousien, und ich lief auf den Trottoiren unter den Markisen an den Läden und Bars entlang, Schönheit vor Augen, ich sah das alles, ich war darin – und blieb dennoch draußen, ein Fremder.

Und dann trollte ich mich nach Hause in mein Schachtelzimmer, in diese übervorrätige Frei-Zeit, *Er hockte in der Zeit und konnte sie nicht an sich bringen*, hatte ich einmal geschrieben, und das traf auch jetzt immer noch zu.

Ich in Paris?

Ich in Paris, Frankreich, Europa, Welt, Universum?

Wenn ich abends im erleuchteten Bus herumfuhr, in dieser Tuchfühlung mit den Vielen, die jetzt von ihrem Arbeitsplatz heimkehrten; inmitten dieser Feierabendmüden, in diesen Kleider- und Körpergerüchen, zwischen Zeitungslesenden, Frauen, die von prallgefüllten Taschen erdrückt wurden und darunter vielleicht eine Hübsche, Verwegene; einmal war's eine ungeheuer anziehende Farbige in einem um die Knie engen Rock und einer schulterbetonenden Jacke, und die Haare, einseitig nach hinten gekämmt, gaben diese Schläfenpartie frei, und die Augen wie dunkle Edelsteine, die in der Alabasterfassung des Augenweißes schwammen, scheuten ohne zurückzuschauen bei der geringsten Berührung durch einen fremden Blick, und an den überaus fein geformten Ohren hingen schwere Gewichte von silbernen Behängen, die die Ohrläppchen nach unten zogen und bei der geringsten Regung des Kopfes rieselten, bimmelten; sie saß ganz entrückt wie hinter Glas im vollgestopften Bus, und als sie aufstand und entschwand, plumpste eine dicke Frau auf den freigewordenen Sitz, eine graue Person, die nach der über ihre kurzen Beine wegrutschenden Einkaufstasche grabschte; und durch den Motorenlärm im Innern, durch die einschläfernden Fahrgeräusche, die eine eigene Stille schufen, erreichte mein Ohr das eindringliche Gerede von Schwarzen, es war ein unbekümmertes gutmütiges Palavern (oder tönte nur so) in der für den schwarzen Mann unverkennbaren kehligen Stimmlage mit dem plötzlichen Umschlagen, Überschwappen der Stimme in einen hohen vogelartigen Kreischlaut, als versage die Stimme; auf der Bank mir gegenüber Araber, bartstachlige Gesichter mit düsterem immergrimmigem Ausdruck; wenn ich im Bus die mir wohlbekannte Stadttraverse abfuhr, vor mich hindösend und ab und zu das Gesicht ans Fensterglas preßte, um einen Straßennamen, den Namen einer Haltestelle zu erhaschen, *Vauvenargues, Pont*

Cardinet, Namen, die vorüberglitten, und ich nach einem Anhaltspunkt äugte, mit dem ich den Namen identifizieren könnte, da, *La Clé au Juste Prix,* eine Schrift mit giraffenhalslangen Lettern auf einer eisblau angestrichenen Tür eines winzigen Ladens, den wollte ich mir längst einmal näher besehen, hatte ich gedacht, war aber nie ausgestiegen, aus Trägheit, doch jetzt schob sich das Bild dieses Straßenstücks vor mein Auge und wie die Straße am Vormittag aussieht, ich erinnerte mich, daß mich genau an dieser Stelle dieser unbedeutenden Straße etwas erregt oder gepackt hatte, daß hier etwas für mich in der Luft lag, ich dachte, mußt dir diese Gegend genauer anschauen, aber dann hatten wir schon die Avenue de Saint-Ouen überquert, dann die Avenue de Clichy, und jetzt formte sich das Bild der Place de Clichy vor meinem inneren Auge mit dem Café Wepler, von dem Miller schreibt, ich kannte diese Gegend sehr gut, sie lag etwa dreiviertel Stunden Spazierweg von meiner Wohnung entfernt, früher war ich oft nach Clichy spaziert, die Rue Caulaincourt runter und am Montmartre-Friedhof vorbei, dessen düstere Totenhäuser man rechts und links von der Überführung einsehen kann, rechts und links Totenstadt; ich schob Clichy mitsamt den vielen Austernkisten vor den Restaurants und dem meist chaotischen Verkehr rund um das Denkmal weg von mir, während ich fuhr, ich beobachtete jetzt zwei bärtige Juden, die an zwei Haltegriffen nahe der Tür hingen und wie Hampelmänner schaukelten, während sie sich angeregt unterhielten, immer tragen sie diese schmalkrempigen dunklen Hüte, immer Bärte und immer diese schwarzen streng geschnittenen Mäntel, die an Kaftane erinnern, dachte ich, und dabei üben sie irgendeinen ganz normalen Beruf aus, aber immer in dieser – geistlichen – Tracht! es ist wie ein Doppelleben; und ich beobachtete ihre ungemein lebhaften, irgendwie erleuchteten Mienen, sie unterhielten sich pausenlos, während sie hin und her schwankten, worüber unterhielten sie sich, ab und zu lachten sie wie über einen guten Witz; und ich dachte, jetzt fahre ich diese Strecke zum wievielten Mal, ich füttere meine Augen mit immer demselben Augenfutter, aber von Kennen kann keine Rede sein, es ist allerhöchstens ein ganz oberflächliches Wiedererkennen, LA CLE AU JUSTE PRIX, und jedermann, der da im Bus mitfuhr, gewann von demselben Straßenstück, derselben Straße ein völlig verschiedenes Bild, so viele Bilder wie Augenpaare, ich sah jetzt die Straße als etwas Unerforschliches vor mir, als ein Livingstone & Stanley würdiges Schwarzafrika, undurchdringlich, und aus diesem Undurchdringlichen blendeten all diese Augen einen immer anderen Augenschein aus, so weit das Licht reicht; ich sah die Höhlungen, Klüftungen, die von all diesen Lichtkegeln zerstükkelte, in Licht und Schatten, in Schallwellen zerschnipselte Straße, die aber für alle denselben Namen trägt, Rue Guy Môquet zum Beispiel, wer war er gewesen, ein Name färbt ab auf eine Straße, Rue Guy Môquet (auch Môcquet geschrieben) in den Augen der beiden Juden, in den Augen der Frau mit der wegrutschenden Tasche, in den Augen des vor sich hinbrütenden Arabers; ich dachte an die Stelle in Hemingways »Schnee auf dem Kilimandscharo«, wo der an seinem Wundbrand leidende, den Tod erwartende

Amerikaner, ein Schriftsteller, sich vorstellt, was er noch hätte schreiben wollen, die besten Sachen hatte er immer vor sich hergeschoben, nun würde er sie nie mehr schreiben; und unter diesen kostbaren, immer vor sich hergeschobenen aufgehobenen Sachen oder Stoffen nannte er an erster Stelle etwas Banales: zu meinem Erstaunen, zu meiner Erschütterung sprach er vom Glucksen des Rinnsteins und von den Gerüchen in der Luft und von den Lauten an der Place de la Contrescarpe, so wie sie seinem Helden und ihm selber in Erinnerung geblieben waren aus jener Zeit, als er nebenan, Rue Descartes, Nähe Panthéon zu schreiben begonnen hatte; die Erstausgaben seiner Gefühle damals! ja, dachte ich im Fahren, im Bus, es ist nie heranzukommen, jedenfalls mit Worten und willentlich nicht, allerhöchstens im Traume; da es im Traume auferstehen kann, haben wir es ja wohl in uns und zwar bis ins kleinste, übergenau bewahren wir alles, aber wir rühren nie wieder daran, es sei denn im Schlaf, dachte ich; und jetzt stellte ich mir Place Contrescarpe vor, ich machte innerlich den Sprung vom Schauplatz meiner Busfahrt hinüber in die Panthéongegend; die dünne, die rationale Luft rund um diesen gedankentrockenen vernunftharten Tempel, eine viel trockenere reinlichere Luft als hier, wo alles riecht und schwitzt und schwatzt; und gleich dahinter der liebe liederliche Rundplatz mit den Clochards unter den Bäumen, den Studenten und Liebespaaren vor den Cafés, der Platz eines Landstädtchens im Grunde; und ganz in der Nähe das Haus, wo Verlaine starb, wo Hemingway schrieb; vom Panthéon war's ein Katzensprung zum Jardin de Luxembourg, zu den vielen müßigen Leuten im vielfarbigen Schatten auf dem braunen Sandboden, den vor allem die herrlich geschnittenen Bäume werfen; das Lustwandeln unter diesem Baumhimmel und die Lesenden, Sinnenden, Redenden auf diesen uralten eisernen rührenden Stühlen, herrenlosen Gartenstühlen für jedermann; die Verstecken spielenden Putten und Götterchen im Laub, Karussell, *und dann und wann ein weißer Elefant;* Springbrunnen, Denkerstirn; *Ami, si tu tombes, un ami sort de l'ombre à ta place,* meldet ein Denkmal.

Vom Boul' Mich' runter und über die Brücke auf die Île Saint-Louis, das ländliche Palastgehaben der Häuser längs des Quai Bourbon, gewaltige gepflästerte Innenhöfe mit Bäumen, in den Bäumen Statuen, Bronzestatue überlebensgroß, die schwere in das Portal eingelassene Holztür, draußen die Quaimauer, ich streiche die Mauer im Schlendern, hier ist das Trottoir eng, ein schmaler Gehsteig, ich beuge mich über die Mauer, drunten am Wasser der Uferweg für Hunde, Paare, Fischer, ja, und Clochards; neulich einen auf einer Bank liegen gesehen, ein Zerlumpter, er schlief, und durch seine Hose lief der Urin, bildete ein Rinnsal unter der Bank, lief strähnig davon, zur Seine hin; die ich vom Pont Alexandre aus grüße, wenn ich von der Esplanade des Invalides komme, an deren einer Flanke die Häuser wirken, als hingen sie an Fäden vom Himmel herunter, luftleichte Silhouetten; aber von der Brücke aus das strömende Wasser, nichts Schöneres als von der Brücke in einen Strom zu pinkeln, ein Hochgefühl; und jetzt kommt ein Vergnügungsboot, Bâteau Mouche, und all die aus der

Glasverschalung glotzenden Touristengesichter mit dem geöffneten verzückten Mund, Fischgesichter; und der Wasser lassende arme Mann auf der Bank, der nichts sieht, er hat's im Schlafe;
weiter zum Hôtel de Ville, das Abendgedränge in der Rue de Rivoli, die hier schmutzig ist, der reine Bazar; Bazar, denke ich, richtig: gegenüber dem Bazar de l'Hôtel de Ville mitten im Gedränge eine noch junge Frau, die mit einem Kind an der Hand davonlief, vor zwei Männern davonlief, sie schreit »Laissez-moi donc, merde«, schreit sie, die Männer versuchen ihr den Weg abzuschneiden, stellen sie, greifen nach ihr; schon werden andere aufmerksam, drehen sich um, was geht hier vor? Kidnapping, Verbrechen, und das mitten im Abendgedränge; das mitgezerrte Kind, das unschuldige Gör, man kann es nicht mitansehen, schon ist die Gruppe von der Menge eingekeilt, die Verfolger werden verlegen, einer zieht ein Sendegerät aus der Tasche, Polizei? was? ein Detektiv? jetzt hört man das Wort Ladendiebstahl, die Frau hat geklaut, ein paar Handschuhe; sie schreit »lachez-moi«, die Leute mischen sich ein, fast alle sind auf der Seite der Frau, die Häscher ins Unrecht versetzt, verunsichert, trotzdem zerren sie von neuem an der Frau, das Kind wimmert, jetzt heult es los, armes Wurm, die Menge wird wütend; jetzt entwischt die Frau, die Verfolger wollen hinterher, die Menge verstellt ihnen den Weg, laßt sie doch laufen, ihr Schweine, was ist schon dabei, laßt sie laufen, ihr ungehobelten Esel; die beiden geben auf, »merde«, sagen auch sie und zucken die Schultern; die Frau ist mit dem Kind die Treppen zur Metro hinunter verschwunden, entkommen; die

Menge diskutiert noch, eine Gutangezogene meint, das geht doch nicht, wo kommen wir hin, wenn alle stehlen; ach, halt's Maul, sagt eine Deftige, dich geht's jedenfalls nichts an; blöde Kuh, schreit die Rechtschaffene; dumme Gurke, die andere; die Leute zerstreuen sich;
Schluß, sage ich mir, Schluß jetzt; nicht an die Stadt denken, du kriegst sie doch nicht zusammen, du kannst sie nicht denken, die Stadt; versuchst du es, dann ist immer nur Verlust zu buchen, nie HABEN; du wirst sie nie haben, dachte ich und preßte die Nase an das Fenster, wo waren wir?
eben fuhren wir an einer kleinen Bar vorüber, einer Bar wie es Tausende gibt, da ist die runde oder längliche Theke unterm Neonlicht, es ist immer Manegenstimmung, immer Zirkusfarbigkeit in so einer Bar, weiß nicht, woher das kommt, vielleicht weil das Licht der Röhre auf dem unterlegten Rot und im Widerschein der kremigen Wände diese Wirkung hervorruft; und an der Bar die paar Männer und Frauen beim Bier, einem kleinen Weißen, einem Ballon de Rouge, einem Calva, bevor sie heimgehen, sie zögern es hinaus, noch einen, rasch; sie stehen wie unter einem Heiligenschein unter der Leuchte an dieser Theke mit dem Glockenspiel der Flaschen im Hintergrund, stehen auf dem gekachelten Boden mit den Zigarettenkippen und Brotresten, andächtig im Licht, im Andachtsraum, als wäre hier der einzige Unterstand, und jetzt ist die Bar einfach alles: Garküche, Kneipe, Barbierladen, Drogerie, Notfallstation, Verhörraum, Wartesaal, Lazarett und Kapelle, TRÖSTUNG; alles in einem, die beste Zuflucht auf Erden,

noch einen, noch einen Ballon de Rouge; sie stehen da
wie Erleuchtete, das Wunder geht um;
ich fühlte die Straßenverengungen und die Straßener-
weiterungen im Fahren, wie Ein- und Ausatmen,
spürte es auf der Brust; und die Straßen wuchsen
zusammen mit allen Broten und Kuchen in Auslagen,
mit Rüben Salaten halbierten Ochsen und Schweinen
und Theken, vielen Theken – die Straße, über die das
Kind wischte, das noch schnell nach einem Brot, einer
Flasche Wein hinübergeschickte Kind;
Schluß, sagte ich mir im Bus, abstellen; aber ich
konnte *es* nicht abstellen, da war immer noch etwas in
mir, das sich nicht beruhigen wollte, nicht zufrieden
gab, ich dachte, ich sollte abspringen von diesem
immerfahrenden, immer weiter durch die Dunkelheit
fahrenden Bus, abspringen und mich an einer dieser
erleuchteten Bars an Land bringen, an den Trog oder
Tresen stellen, ein oder am besten gleich mehrere
Gläser in mich hineinkippen, sonst wirst du verrückt,
dachte ich, aber ich wußte, ich war ganz und gar nicht
verrückt, nur hellwach; und jetzt kam mir dieser
Traum in den Sinn, den ich in jüngster Zeit mehrmals
geträumt hatte; der Traum handelte von einer Verur-
teilung, einem Urteil; ich stand vor der Matura und
wurde mir darüber klar, daß ich die Mathematik nie
schaffen würde, ich würde das nötige Begreifen und
damit auch das nötige Vermögen für das mir abver-
langte Operieren mit Zahlen, für das Auflösen von
Gleichungen, die Algebra nicht abliefern können, ich
blieb vernagelt, das wurde mir in aller Deutlichkeit
bewußt, und das hieß soviel, daß ich die Matura nicht
bestehen konnte; ich war zum Scheitern verurteilt,

und so trennten sich denn unsere Wege noch vor dem Tor, alle Kameraden passierten das Tor und gingen ins Leben hinaus, ich ging auch ins Leben hinaus, aber auf einem anderen einzelnen Weg, ich wußte, daß mir ein Zugang für immer versperrt bleiben würde; nun, sagte ich mir im Traum und angesichts der sich entfernenden Schar von einstigen Kameraden, nun, ich werde von alldem und von ihnen ausgeschlossen bleiben, aber ich werde nicht in der Schule bleiben, ich werde ohne dieses besondere Rüstzeug weg und ins Leben hinein laufen; zwar bleibe ich mit diesem Makel behaftet, eine Art Paria, *ein* Schlüssel wird dir immer fehlen, aber das muß nicht bedeuten, daß ich nirgends hinfinde; dieser Traum hatte mich dadurch erstaunt, daß ich in Wirklichkeit die Matura bestanden, wenn auch als mathematischer Trottel gerade noch bestanden hatte, ich war durchgeschlüpft und hatte sogar ein Universitätsstudium hinter mich gebracht, wenn auch leichtsinnig; aber im Traum hatte ich's nicht geschafft, im Traum hatte ich das Gefühl, und das Gefühl hatte die Instanzhaftigkeit eines Urteilsspruchs, daß ich lebenslang mit diesem Mangel wie mit einem Fluch oder einer Krankheit beladen bleiben würde, daß ich aber den Mangel durch eine Überanstrengung auf anderem Gebiet wettmachen müßte; im Traum war ich keineswegs hoffnungslos, nur ein wenig melancholisch gewesen; aber warum träumte mir hier und jetzt – in meinem Alter! – von dieser nicht bestandenen Prüfung? hatte das Manko mit meiner Stadtverlorenheit, dieser Begriffsstutzigkeit und daraus resultierenden Melancholie, wenn nicht akuten Gefahr einer endogenen Depression zu tun? dachte ich im Bus;

hätte ich mittels »Mathematik« anders an die Stadt herankommen, ja sogar *ankommen* können? es konnte sich doch wohl nicht um ein rationales Verstehen handeln oder doch? wäre mir geholfen gewesen, wenn ich die Stadt in ihrer historischen Schichtung verstanden, durchschaut hätte? wenn mir kraft einer intellektuell zu leistenden Rekonstruktionsfähigkeit die *Gestalt* einsichtig, wenn nicht überhaupt durchsichtig geworden wäre? verlöre sich dann diese Tausend- und Abertausendgesichtigkeit, die in ein Dunkel umschlägt? könnte ich in solchem Falle die Stadt anlegen wie ein Kleid? so aber muß ich's immer erstammeln, sagte ich mir; gibt es ein Lesen (der Wirklichkeit), ein Ablesen, ohne daß die Gegenwärtigkeit, dieses Unbegreifliche, Rätselhafte, das andererseits das Leben ausmacht, verlorengeht? gibt es dieses komplexe Quittieren, das Wiederherstellung, also Reparatur *und* unzerstörbare Gegenwart bedeutet?

du, sagte ich mir, hast immer Angst vor Zerstörung, vor der Zerstörung des Rätsels, also des Lebens, wenn du dich ans Denken und Analysieren zu machen versuchst; du ziehst das atmosphärische Ertasten und Erschnüffeln vor, auch das Beschwören; und erzeugst letztenendes diesen ewigen Nebel, den du nie lichten kannst; du suchst nicht die Klarheit; hast du Angst vor Ernüchterung? du suchst nicht die »Wahrheit«, was immer das sei, du suchst das Dunkel, das Dunkel im Mutterschoß;

du korrespondierst wie ein ganzes Telegraphenamt mit dem Außen der Erscheinung, aber schließlich fällst du zurück in das schwärzeste Schwarz im

Innern, weil du die eintreffenden Meldungen nicht
dechiffrieren, nicht einmal zählen, geschweige denn
verarbeiten kannst; deine Sender und Empfänger sind
dauernd in Aufruhr, doch bleibst du sprachlos;
dennoch ist mir häufig, als liege mir das Wort auf der
Zunge, warf ich ein; oft bin ich nahe daran
woran denn, zum Teufel?
an so einer Straße zum Beispiel, nur daran; in so einer
herrlich wegschwimmenden Pariser Straße, die alles
enthält; ich stehe zitternd vor Erregung inmitten der
Straße, die in ihren zuckrigen kreidigen Fassaden und
dem von der Straße erfundenen, weil ergriffenen Himmel dazwischen mich anhimmelt; ich bin selber die
Straße, ich bin ihr Träger und Trakt; ich bin das
Flattern ihrer Flanken, das Blinzeln ihrer Jalousien,
der schieferne blecherne Hut ihrer Dächer, das Erröten ihrer Haut, das Schleierwerk ihrer Vergitterung,
ich bin die Runzeln, alle Blessuren und Runen, ich bin
alle Schattierungen und Erhellungen ihrer Mienen, ihr
Antlitz, ich bin's, wenn ich's auch nicht verstehe; ich
bin es und fühle es
das Schnaufen des Trottoirs zu ihren Füßen; das ganze
Gerölle unter den Markisen, jedes einzelne spiegelnde
Glas ihrer Läden und was dahinter ist, alles
ich hänge wie eine Marionette an den abertausend
Fäden, Augenfäden, Sinnenfäden, Gefühls- und
Gedankenfäden, durch die Fäden verbunden mit ihr,
hänge, zapple an den Fäden, die mich zucken lassen,
ich ein Hampelmann? das zerrt an mir, bis ich zusammenfalle und in den Rinnstein, ein lebloses Ding, das
das Abwasser wegschwemme;
das ist die Vernichtung, Verdunkelung mitten am

Tage, die Verdunkelung in der Stadt: weil ich's nicht
sagen kann; ich fühle, aber ich verstehe nicht
und jetzt dachte ich, beim Fahren, im Bus: vielleicht
ist es dieses Zuschlagen der Türen, diese *Abwendung*,
was mich zu den Frauen trieb mit dem Begehren mich
unterzubringen; und nun fiel mir ein, wie ich in jenem
heißesten Sommer, es war der heißeste seit Menschengedenken, eine alle verbrüdernde Hitze, glühende
Trockenheit mit Steppen- und Waldbränden, ganze
Länder lechzten nach Regen, eine krumme Straße von
der Rue des Abbesses in Richtung Boulevard Rochechouart hinunterlief und da unten eine riesige
schwarze Hure auf dem Kotflügel eines Wagens sitzen
sah; ich wunderte mich, daß sie es aushielt, ich dachte
bei mir, dieser Hintern müsse ja schön angebrannt
sein, ich näherte mich ihr, und dann folgte ich ihr eine
unsäglich stinkende Treppe hoch in einen wanzenhaften Verschlag, stickend heiß war's herinnen, hier wirst
du dir die Ansteckung holen, sagte ich mir, während
ich dastand und zusah, wie sie sich auszog, sie tat es in
der faulsten Weise, vielleicht weil sie so groß und es so
heiß war, und genau in diesem Augenblick erreichte
meine Nase der Bratengeruch aus einer Pfanne oder
der Geruch heißen Fetts, und mit dem Geruch war ich
auf einmal in meiner Kindheit, es war ein Mutterduft,
und ich warf mich über die Riesin, die mir in ihrer
Sprache etwas zurief, vielleicht sagte sie, sachte,
Mann, nicht so stürmisch, denk an das Thermometer!
und dann stieg ich die Hühnertreppe hinunter und
liebte die Straße und diese Stadt inbrünstig, so als sei
ich angenommen, aufgenommen worden, jedenfalls
gehörte ich dazu;

und nun sprang mein Gedanke zurück in jene frühere Zeit, als ich besuchsweise hergekommen war, ich hatte meine Tante besucht an der Rue Condorcet unterhalb Pigalle, es war spät geworden, ich war auf dem Heimweg, durchlief Straßen, die bereits Schlafgegend waren, und da hörte ich vor mir ein mich elektrisierendes Geräusch, das Klappern von Stöckelschuhen, das Stöckelstakkato, ich lief dem Geräusch nach durch die Nacht, und dann sah ich in der Entfernung eines Schreis ein sich wiegendes weißes Satinkleid in der Schwärze, Land! Land in Sicht! jauchzte es in mir, es war eine Frau aus Martinique, wir stiegen zusammen eine Hoteltreppe hoch, ich faßte sie an beim Treppensteigen, und sie rieb gutmütig ihr Hinterteil an mir, und später roch ich noch lange, noch den ganzen darauffolgenden Tag, ihren Körpergeruch, den ich festhielt und in Gedanken verwöhnte;
die Stadt konnte ich nie versammeln in mir, versuchte ich's, dann entzog sie sich in dem Funkenmeer eines platzenden Feuerwerkkörpers und erlöschte alsbald, ich konnte immer nur mit einer kleinen Ecke, einer Straßenecke, partizipieren, da wo ich mich eben befand, es war nie einzusteigen in diese Stadt; es ist nie einzubrechen durch die Panzerhaut, die dir die sogenannte Wirklichkeit vorhält, jedenfalls nicht mit Fassung, also bleibe ich immer draußen? mittendrin bliebe ich draußen?
Schluß, dachte ich im Bus, auch war ich jetzt angenehm müde vom Fahren; aber Fahren, dachte ich, das liebe ich um seiner selbst willen, und wie ich es liebe; mehr noch als das Busfahren das Fahren in der Metro, denn da bin ich »drin« in der Stadt, in ihrem Gedärm;

ich bin unter den Vielen, die nach Regen, nach Feuchtigkeit, nach Haut, nach ihrem Viertel, nach Arbeit oder nach Muße, nach Parfum, nach Armut, nach Bildung, nach Gefahr, nach Abgenutztheit, nach einem Traum oder nach Angst, nach Gottergebenheit, nach dieser Stadt riechen, in der sie wesen und verwesen, von der jeder ein Splitterchen Vorstellung in sich trägt. Aber alles zusammen ergäbe die Summe, die noch nie einer zu begreifen vermochte; aber in den Rattenkanälen der Metro, im Stadtgedärm, sind wir alle in ihr, wenn auch nur wie ihr Kot, ihr einvermengt;

und dann aus diesem unterwürfigen kotigen »Haben« hinaus aus dem Orkus und über eine Rolltreppe an den Tag rollen; einmal in der Metro nur Münder gesehen, mir gegenüber die aufgeworfenen Lippen eines Schwarzen mit dem Rosa von Innenfleisch; und Frauenlippen, all diese nach außen aufbrechenden Leibesfrüchte – bis ich wegsehen muß; und wieder die langen rundgekachelten Tunnels durchlaufen, die Lampen werfen diese Zebramusterung, Illusion eines Kreuzrippengewölbes an die Decke, durch die Gänge irren die Töne unsichtbarer Musiker; und dann die paar Strecken, wo die Untergrundbahn dem Schlund entkommt und Hochbahn wird: auf einmal ist der Wagen von Tageslicht durchflutet, ich sitze jetzt wie in der Rummelbahn und kann durch die gußeisernen Streben der Hochbahnkonstruktion so eine Straße von oben erblicken: die tiefe Schlucht in den unendlichen Graus, die alle Farben enthalten, ich sage mir: alles da im Licht, das die langen Achsen ergreifen, alles da: die vom Gitterwerk der Fensterbrüstungen und Balkone schwarz behauchten Flanken, das im Backofenglanz erschimmernde Pflaster, die knappen Hut- oder Helmdächer, da! und die von einer ausgebleichten Riesenreklame verschönte Brandmauer und die hohe enge Brust eines Eckhauses, an der sich die Adern im spitzen Winkel teilen; und das Café unter der Markise und die paar Tische und Stühle davor; der zwischen dem knalligen Unten und vergeistigten Oben vermittelnde Baum, die klatschenden Fahnen der Blätter nicht zu vergessen; und das parkende Auto und das die Straße überquerende Steckenbrot und der verhallende Schrei und der eben erdolchte Leib eines im Straßenbett sterbenden Menschen und das sich gegen eine Mauer drückende Paar;

und dann wieder die verrückteste Ansammlung von Leuten, so dicht und wimmelnd und lärmig wie ein Volk von Pinguinen, es ist das Gedränge um das Warenhaus TATI bei Barbès-Rochechouart; und wieder zurück in den Schlund, in die Eingeweide, ins Dunkel;

ich möchte immer so weiterfahren auf meiner Berg- und Talbahn, um in diesem HABEN zu bleiben, Haben ohne zu besitzen, *ich kann dich nicht sagen, doch kann ich dich fahren;*

du suchst ja gar nicht die Klarheit, höre ich jetzt die andere Stimme, alles was du suchst, ist dieses In-Dunkelheit-Gewiegtwerden, du suchst das Dunkel, sagt die Stimme;

stimmt, sage ich, genau das: ich suche das eindunkelnde Vergessen, das das Erinnern gebiert; bis ich mitten am Tage, mitten in Paris sagen kann: ich erinnere mich, guten Tag!

Die weißen Strümpfe

Es ging auf Weihnachten, aber ich lief derzeit auf wenig besinnlichen Pfaden, ich wäre sonst nicht dahin gegangen, wo das sündige Fleisch enthüllt wird.
Ich sah zu, wie sie sich die Strümpfe, es waren dunkle, dünne, und weitere Wäsche auszog, sie tat es in der reizendsten Weise, zur Musik, im Lichtkegel des Beleuchters, wie ein Kind, das ein Gedicht aufsagt, ebenso ernsthaft tat sie es; und ich stand ganz hinten in dem abgedunkelten Stripteaselokal.
Eine Engländerin, hörte ich, schlecht, dachte ich, wo ich diese Sprache nur sehr schadhaft spreche. Ich lud sie für den kommenden Abend zum Essen ein.
Dieser Abend war der Heilige Abend, verständlich, daß sie frei hatte, aber warum war ich frei? Ich war frei, ich schwöre es, allein, ohne Anhang, ohne Fest, und ich war froh, das an Weihnachten beschwerliche Freisein durch meine Verabredung überbrückt zu wissen.
Ich fuhr damals einen alten englischen Wagen, und in diesem Wagen fuhren wir los, um ein passendes Gasthaus zu finden. Es stürmte trocken, keine Spur von Schnee, und wir fuhren und fuhren und fanden keine Herberge, nur Türen mit der Aufschrift »Über die Feiertage geschlossen«. Wir fuhren mit knurrendem Magen durch das nächtliche Tosen, durch die für eine feiernde Mehrheit Stille Nacht, Heilige Nacht fuhren wir, ich am Steuer und sie neben mir.
Von Zeit zu Zeit wechselte sie die Stellung der langen

Beine, und die Beine steckten in weißen Strümpfen, es war, als wenn sie in Mehl gewendet wären, man hätte sie backen und essen mögen. Manchmal streifte ein Strumpfbein meine am Schaltstock beschäftigte Hand, manchmal machte ich den Versuch, ein Gespräch zu beginnen, der Versuch ging im Geheul des Sturms, in den Fahrgeräuschen und in meiner englischen Sprachlosigkeit unter.

Ich fuhr und dachte beim Fahren an das Mädchen mit den weißen Strümpfen, wie an eine ferne Geliebte, an eine Erträumte, fuhr und fuhr.

Als wir bei Tagesgrauen wieder in der Stadt anhielten, lag die Stripperin engelgleich da, nicht nur ihre Strümpfe, alles, auch ihr Gesicht war weiß, man hätte sie für einen Wachsengel halten können. Ich rief sie an, ich berührte, schüttelte sie, vergeblich, sie blieb steif und kalt.

Ich fuhr wieder an, und beim nächstbesten Christbaum, es gab deren einige flittrig geschmückte in der Stadt, steckte ich sie behutsam zu all dem anderen Baumschmuck ins Gezweig.

In den darauffolgenden Tagen las ich aufmerksam die Zeitungen, ich las hauptsächlich die mit »Gefunden« überschriebene Rubrik, aber ich fand keine passende Meldung. Unglaublich, dachte ich, ganz und gar unglaublich, es sei denn, sie wäre gleich weiter in den Himmel geflogen.

So wird es sein, sagte ich mir und tunkte den Gipfel in den heißen Kaffee.

Nachweise

Geboren und aufgewachsen in Bern
Erstveröffentlichung in: Magazin des Tagesanzeigers Zürich, Nr. 41 vom 12. 10. 1974

Das Haus stülpt sich dir über
Aus: Im Hause enden die Geschichten. Roman. Suhrkamp Verlag Frankfurt am Main 1971 (suhrkamp taschenbuch 431, 1978)

Schiff, Kaktee, Trompete
Aus: Die gleitenden Plätze. Scherz Verlag, Bern · Stuttgart · Wien 1959

Im fahrenden Abteil
Unveröffentlichte Erzählung von 1966. In veränderter Form eingegangen in: Stolz. Roman. Suhrkamp Verlag Frankfurt am Main 1975 (Bibliothek Suhrkamp 617, 1978)

Heimreiser
Geschrieben 1967. Unveröffentlicht

Bildnis Karl Buri mit flankierendem Selbstbildnis (als junger Museumsassistent) und weiteren Staffagen
Geschrieben 1982 für die Festschrift für Michael Stettler »Von Angesicht zu Angesicht. Porträtstudien«. Verlag Stämpfli, Bern 1983

Canto auf die Reise als Rezept
Erstveröffentlichung in: Neue Zürcher Zeitung vom
5. 11. 1961, Literatur und Kunst, Sonntagsausgabe
Nr. 4144

Vincent van Gogh
Erstveröffentlichung in: Van Gogh in seinen Briefen.
Herausgegeben und mit einem Nachwort von Paul
Nizon. insel taschenbuch 177. Insel Verlag Frankfurt
am Main 1979

Versuch über das Sehen
Erstveröffentlichung als Beilage der Jubiläumsschrift:
75 Jahre Schweizerischer Zentralverband für das Blindenwesen. St. Gallen 1979

Woodstock, New York
Aus Paul Nizon, Hans Falk: Die Skizzenbücher,
Zeichnungen, Objekte aus dem Woodstock Hotel,
New York 1973–1979. Alle Rechte bei ABC Verlag,
Zürich 1979

Bericht aus dem Koffer und durch das Fenster
Erstveröffentlichung in: Magazin des Tagesanzeigers
Zürich, Nr. 51/52 vom 22. 12. 1979

Ich erinnere mich, guten Tag!
Aus: Das Jahr der Liebe. Roman. Suhrkamp Verlag
Frankfurt am Main 1981

Die weißen Strümpfe
Erstveröffentlichung in: Annabelle/Femina Nr. 25
vom 9. 12. 1982

Alle Rechte der hier angeführten Texte – mit Ausnahme von *Woodstock, New York* – beim Suhrkamp Verlag Frankfurt am Main.

Inhalt

Geboren und aufgewachsen in Bern 9
Das Haus stülpt sich dir über 26
Schiff, Kaktee, Trompete 41
Im fahrenden Abteil..................... 46
Heimreiser........................... 56
Bildnis Karl Buri mit flankierendem
   Selbstbildnis (als junger Museumsassistent)
   und weiteren Staffagen 57
Canto auf die Reise als Rezept 70
Vincent van Gogh 80
Versuch über das Sehen 112
Woodstock, New York 129
Bericht aus dem Koffer und durch das Fenster .. 135
Ich erinnere mich, guten Tag! 154
Die weißen Strümpfe 172

Paul Nizon
Sein Werk im Suhrkamp Verlag

Aber wo ist das Leben. Ein Lesebuch. Leinen

Am Schreiben gehen. Frankfurter Vorlesungen. Mit Abbildungen. es 1328

Das Auge des Kuriers. Bütten-Broschur

Canto. Mit einem Nachwort von Heinz F. Schafroth. BS 1116

Diskurs in der Enge. Verweigerers Steckbrief. Schriften zur Schweiz. Herausgegeben von Peter Henning. Leinen

Die gleitenden Plätze. Mit einem Nachwort von Paul Nizon. Leinen

Im Bauch des Wals. Caprichos. Leinen und st 1900

Im Hause enden die Geschichten. Leinen und st 2383

Die Innenseite des Mantels. Journal. Leinen

Das Jahr der Liebe. Roman. BS 845

Stolz. Roman. Gebunden und BS 617

Über den Tag und durch die Jahre. Essays, Nachrichten, Depeschen. Leinen

Untertauchen. Protokoll einer Reise. Engl. Broschur

Paul Nizon. Herausgegeben von Martin Kilchmann. stm. st 2058

Neuere deutschsprachige Literatur in den suhrkamp taschenbüchern

Baur, Margrit: Ausfallzeit. Eine Erzählung. st 1617
– Überleben. Eine unsystematische Ermittlung gegen die Not aller Tage. st 1098
Berkéwicz, Ulla: Adam. st 1664
– Engel sind schwarz und weiß. Roman. st 2296
– Josef stirbt. Erzählung. st 2296
– Maria, Maria. Drei Erzählungen. st 1809
– Michel, sag ich. st 1530
Blatter, Silvio: Avenue America. Roman. st 2388
– Das blaue Haus. Roman. st 2141
– Kein schöner Land. Roman. st 1250
– Das sanfte Gesetz. Roman. st 1794
– Schaltfehler. Erzählungen. st 743
– Die Schneefalle. Roman. st 1170
– Tage im Freiamt. Zunehmendes Heimweh. Kein schöner Land. Das sanfte Gesetz. 3 Bände in Kassette. st 649, st 1250, st 1794
– Wassermann. Roman. st 1597
– Zunehmendes Heimweh. Roman. st 649
Buch, Hans Christoph: Haïti Chérie. Roman. st 1956
– Die Hochzeit von Port-au-Prince. Roman. st 1260
– Tropische Früchte. Afro-amerikanische Impressionen. Erstausgabe. st 2231
Burger, Hermann: Brenner. Band 1: Brunsleben. Roman. st 1941
– Der Schuß auf die Kanzel. Eine Erzählung. st 1823
Cailloux, Bernd: Der gelernte Berliner. Erstausgabe. st 1843
Endres, Ria: Werde, was du bist. Dreizehn literarische Frauenportraits. st 1942
Federspiel, Jürg: Die Ballade von der Typhoid Mary. st 1983
– Böses. Wahn und Müll. st 1729
– Geographie der Lust. Roman. st 1895
– Die Liebe ist eine Himmelsmacht. Zwölf Fabeln. st 1529
– Die Märchentante. st 1234
– Der Mann, der das Glück brachte. Erzählungen. st 891
– Massaker im Mond. Roman. st 1286
– Orangen und Tode. Erzählungen. st 1155
Felder, Franz Michael: Aus meinem Leben. Mit einer Vorbemerkung von Peter Handke und einem Nachwort von Walter Methlagl. st 1353
Gall, Herbert: Deleatur. Notizen aus einem Betrieb. st 639
Genzmer, Herbert: Cockroach Hotel. Ängste. st 1243
– Freitagabend. st 1540

Neuere deutschsprachige Literatur
in den suhrkamp taschenbüchern

Genzmer, Herbert: Manhattan Bridge. Geschichte einer Nacht. st 1396
Goetz, Rainald: Irre. Roman. st 1224
– Kontrolliert. Roman. st 1836
Gstrein, Norbert: Das Register. Roman. st 2298
– O2. Novelle. st 2476
Hänny, Reto: Am Boden des Kopfes. Verwirrungen eines Mitteleuropäers in Mitteleuropa. st 2210
– Flug. st 1649
Happel, Lioba: Ein Hut wie Saturn. Erzählung. st 2217
Heimpel, Hermann: Die halbe Violine. Eine Jugend in der Haupt- und Residenzstadt München. st 1090
Hessel, Franz: Heimliches Berlin. Roman. Nachwort von Bernd Witte. st 2269
Hohl, Ludwig: Die Notizen oder Von der unvoreiligen Versöhnung. st 1000
Horstmann, Ulrich: Das Untier. Konturen einer Philosophie der Menschenflucht. st 1172
Hürlimann, Thomas: Die Tessinerin. Geschichten. st 985
Kirchhoff, Bodo: Dame und Schwein. Geschichten. st 1549
– Die Einsamkeit der Haut. Prosa. st 919
– Ferne Frauen. Erzählungen. st 1691
– Gegen die Laufrichtung. Novelle. st 2467
– Infanta. Roman. st 1872
– Mexikanische Novelle. st 1367
– Ohne Eifer, ohne Zorn. Novelle. st 1301
– Der Sandmann. Roman. st 2330
– Zwiefalten. Roman. st 1225
Kiss, Ady Henry: Manhattan II. st 2416
Klix, Bettina: Tiefenrausch. Aufzeichnungen aus der Großstadt. st 1281
Koch, Werner: Jenseits des Sees. st 718
– See-Leben. 3 Bände in Kassette. st 783
– See-Leben I. st 132
– Wechseljahre oder See-Leben II. st 412
Laederach, Jürg: Flugelmeyers Wahn. Die letzten sieben Tage. st 1755
– Laederachs 69 Arten den Blues zu spielen. st 1446
Menasse, Robert: Phänomenologie der Entgeisterung. Geschichte vom verschwindenden Wissen. st 2389
– Selige Zeiten, brüchige Welt. Roman. st 2312
Meyer, E. Y.: Eine entfernte Ähnlichkeit. Erzählungen. st 242
– In Trubschachen. Roman. st 501

Neuere deutschsprachige Literatur in den suhrkamp taschenbüchern

Meyer-Hörstgen, Hans: Hirntod. Roman. st 1437
Mitscherlich, Alexander: Toleranz – Überprüfung eines Begriffs. Ermittlungen. st 213
Morshäuser, Bodo: Die Berliner Simulation. Erzählung. st 1293
– Blende. Erzählung. st 1585
Neuwirth, Barbara: Dunkler Fluß des Lebens. Erzählungen. st 2399
Offenbach, Judith: Sonja. Eine Melancholie für Fortgeschrittene. st 688
Pakleppa, Fabienne: Die Himmelsjäger. Roman. st 2214
Praetorius, Friedrich-Karl: Reisebuch für den Menschenfeind. Die Freuden der Misanthropie. Erstausgabe. st 2203
– Tod eines Schauspielers. Bekenntnisse. st 2463
Rakusa, Ilma: Die Insel. Erzählung. st 1964
Reinshagen, Gerlind: Drei Wünsche frei. Fünf Theaterstücke. Mit einem Nachwort von Anke Roeder. st 1817
Rothmann, Ralf: Kratzer und andere Gedichte. st 1824
– Messers Schneide. Erzählung. st 1633
– Stier. Roman. st 2255
Sanzara, Rahel: Das verlorene Kind. Roman. Mit einem Nachwort von Peter Engel. st 910
Schindel, Robert: Gebürtig. Roman. st 2273
Schleef, Einar: Gertrud. st 942
Sloterdijk, Peter: Der Zauberbaum. Die Entstehung der Psychoanalyse im Jahr 1785. Ein epischer Versuch zur Philosophie der Psychologie. st 1445
Winkler, Josef: Der Ackermann aus Kärnten. Roman. st 1043
– Friedhof der bitteren Orangen. Roman. st 2171
– Der Leibeigene. Roman. st 1731
– Muttersprache. Roman. st 1044
– Das wilde Kärnten. Drei Romane. st 2477
– Das Zöglingsheft des Jean Genet. st 2320

suhrkamp taschenbücher
Eine Auswahl

Adorno: Erziehung zur Mündigkeit. st 11
Aitmatow: Dshamilja. st 1579
Alain: Die Pflicht, glücklich zu sein. st 859
Allende: Eva Luna. st 1897
– Das Geisterhaus. st 1676
– Die Geschichten der Eva Luna. st 2193
– Von Liebe und Schatten. st 1735
The Best of H.C. Artmann. st 275
Augustin: Der amerikanische Traum. st 1840
Bachmann: Malina. st 641
Bahlow: Deutsches Namenlexikon. st 65
Ball: Hermann Hesse. st 385
Barnes: Nachtgewächs. st 2195
Barnet: Ein Kubaner in New York. st 1978
Barthes: Fragmente einer Sprache der Liebe. st 1586
Becker, Jürgen: Gedichte. st 690
Becker, Jurek: Bronsteins Kinder. st 1517
– Jakob der Lügner. st 774
Beckett: Endspiel. st 171
– Malone stirbt. st 407
– Molloy. st 229
– Warten auf Godot. st 1
– Watt. st 46
Beig: Hochzeitslose. st 1163
– Rabenkrächzen. Eine Chronik aus Oberschwaben. st 911
Benjamin: Angelus Novus. st 1512
– Illuminationen. st 345
Berkéwicz: Adam. st 1664

Berkéwicz: Josef stirbt. st 1125
– Maria, Maria. st 1809
Bernhard: Alte Meister. st 1553
– Auslöschung. Ein Zerfall. st 1563
– Beton. st 1488
– Claus Peymann kauft sich eine Hose und geht mit mir essen. st 2222
– Gesammelte Gedichte. st 2262
– Holzfällen. st 1523
– Stücke 1-4. st 1524, 1534, 1544, 1554
– Der Untergeher. st 1497
– Verstörung. st 1480
Blackwood: Der Tanz in den Tod. st 848
Blatter: Das blaue Haus. st 2141
– Wassermann. st 1597
Brasch: Der schöne 27. September. st 903
Braun, Volker: Gedichte. st 499
– Hinze-Kunze-Roman. st 1538
Brecht: Dreigroschenroman. st 1846
– Gedichte über die Liebe. st 1001
– Geschichten vom Herrn Keuner. st 16
– Hauspostille. st 2152
Bertolt Brechts Dreigroschenbuch. st 87
Broch: Die Verzauberung. st 350
– Die Schuldlosen. st 209
Buch: Die Hochzeit von Port-au-Prince. st 1260
– Tropische Früchte. st 2231
Burger: Der Schuß auf die Kanzel. st 1823
Cabrera Infante: Drei traurige Tiger. st 1714

suhrkamp taschenbücher
Eine Auswahl

Capote: Die Grasharfe. st 1796
Carpentier: Explosion in der Kathedrale. st 370
– Die Harfe und der Schatten. st 1024
Carroll: Schlaf in den Flammen. st 1742
Celan: Gesammelte Werke in fünf Bänden. st 1331/1332
Cioran: Syllogismen der Bitterkeit (1952). st 607
Clarín: Die Präsidentin. st 1390
Cortázar: Bestiarium. st 543
– Die Gewinner. st 1761
– Ein gewisser Lukas. st 1937
– Rayuela. st 1462
Dalos: Die Beschneidung. st 2166
Dorst: Merlin oder Das wüste Land. st 1076
Duerr: Sedna oder die Liebe zum Leben. st 1710
Duras: Hiroshima mon amour. st 112
– Der Liebhaber. st 1629
– Der Matrose von Gibraltar. st 1847
– Sommerregen. st 2284
Eich: Fünfzehn Hörspiele. st 120
Eliade: Auf der Mântuleasa-Straße. st 1826
Elias: Mozart. st 2198
– Über den Prozeß der Zivilisation. Soziogenetische und psychogenetische Untersuchungen. st 2259
Enzensberger: Ach Europa! st 1690
– Gedichte. st 1360
– Mittelmaß und Wahn. st 1800

Enzensberger: Zukunftsmusik. st 2223
Federspiel: Geographie der Lust. st 1895
– Die Liebe ist eine Himmelsmacht. st 1529
Feldenkrais: Abenteuer im Dschungel des Gehirns. st 663
– Bewußtheit durch Bewegung. st 429
– Die Entdeckung des Selbstverständlichen. st 1440
– Das starke Selbst. st 1957
Fleißer: Abenteuer aus dem Englischen Garten. st 925
– Eine Zierde für den Verein. st 294
Frisch: Gesammelte Werke in zeitlicher Folge. 7 Bde. st 1401-1407
– Andorra. st 277
– Homo faber. st 354
– Mein Name sei Gantenbein. st 286
– Montauk. st 700
– Stiller. st 105
– Der Traum des Apothekers von Locarno. st 2170
Fromm / Suzuki / Martino: Zen-Buddhismus und Psychoanalyse. st 37
Fuentes: Nichts als das Leben. st 343
Gandhi: Mein Leben. st 953
García Lorca: Dichtung vom Cante Jondo. st 1007
Goetz: Irre. st 1224
Gulyga: Immanuel Kant. st 1093
Handke: Die Angst des Tormanns beim Elfmeter. st 27

suhrkamp taschenbücher
Eine Auswahl

Handke: Der Chinese des Schmerzes. st 1339
- Der Hausierer. st 1959
- Kindergeschichte. st 1071
- Langsame Heimkehr. Tetralogie. st 1069-1072
- Die linkshändige Frau. st 560
- Die Stunde der wahren Empfindung. st 452
- Versuch über den geglückten Tag. st 2282
- Versuch über die Jukebox. st 2208
- Versuch über die Müdigkeit. st 2146
- Wunschloses Unglück. st 146

Hesse: Gesammelte Werke. 12 Bde. st 1600
- Demian. st 206
- Das Glasperlenspiel. st 79
- Klein und Wagner. st 116
- Klingsors letzter Sommer. st 1195
- Knulp. st 1571
- Die Morgenlandfahrt. st 750
- Narziß und Goldmund. st 274
- Die Nürnberger Reise. st 227
- Peter Camenzind. st 161
- Schön ist die Jugend. st 1380
- Siddhartha. st 182
- Der Steppenwolf. st 175
- Unterm Rad. st 52
- Der vierte Lebenslauf Josef Knechts. st 1261

Hettche: Ludwig muß sterben. st 1949

Hildesheimer: Marbot. st 1009
- Mitteilungen an Max über den Stand der Dinge. st 1276
- Tynset. st 1968

Hohl: Die Notizen. st 1000

Horváth: Gesammelte Werke. 15 Bde. st 1051-1065
- Jugend ohne Gott. st 1063

Hrabal: Ich habe den englischen König bedient. st 1754
- Das Städtchen am Wasser. st 1613-1615
- Tanzstunden für Erwachsene und Fortgeschrittene. st 2264

Hürlimann: Die Tessinerin. st 985

Inoue: Die Eiswand. st 551
- Der Stierkampf. st 944

Johnson: Das dritte Buch über Achim. st 169
- Mutmassungen über Jakob. st 147
- Eine Reise nach Klagenfurt. st 235

Jonas: Das Prinzip Verantwortung. st 1085

Joyce: Anna Livia Plurabelle. st 751

Kaminski: Flimmergeschichten. st 2164
- Kiebitz. st 1807
- Nächstes Jahr in Jerusalem. st 1519

Kaschnitz: Liebesgeschichten. st 1292

Kiefer: Über Räume und Völker. st 1805

Kirchhoff: Infanta. st 1872
- Mexikanische Novelle. st 1367

Koch: See-Leben. st 783

Koeppen: Gesammelte Werke in 6 Bänden. st 1774
- Jakob Littners Aufzeichnungen aus einem Erdloch. st 2267

suhrkamp taschenbücher
Eine Auswahl

Koeppen: Tauben im Gras. st 601
– Der Tod in Rom. st 241
– Das Treibhaus. st 78
Konrád: Der Komplize. st 1220
– Melinda und Dragoman. st 2257
Kracauer: Die Angestellten. st 13
– Kino. st 126
Kraus: Schriften in 20 Bänden. st 1311-1320, st 1323-1330
– Die letzten Tage der Menschheit. st 1320
– Literatur und Lüge. st 1313
– Sittlichkeit und Kriminalität. st 1311
Karl-Kraus-Lesebuch. st 1435
Kundera: Abschiedswalzer. st 1815
– Das Buch vom Lachen und vom Vergessen. st 2288
– Das Leben ist anderswo. st 1950
Laederach: Laederachs 69 Arten den Blues zu spielen. st 1446
Least Heat Moon: Blue Highways. st 1621
Lem: Die Astronauten. st 441
– Frieden auf Erden. st 1574
– Der futurologische Kongreß. st 534
– Das Katastrophenprinzip. st 999
– Lokaltermin. st 1455
– Robotermärchen. st 856
– Sterntagebücher. st 459
– Waffensysteme des 21. Jahrhunderts. st 998
Lenz, Hermann: Die Augen eines Dieners. st 348
Leutenegger: Ninive. st 685

Lezama Lima: Paradiso. st 1005
Lovecraft: Berge des Wahnsinns. st 1780
– Der Fall Charles Dexter Ward. st 1782
– Stadt ohne Namen. st 694
Mastretta: Mexikanischer Tango. st 1787
Mayer: Außenseiter. st 736
– Ein Deutscher auf Widerruf. Bd. 1. st 1500
– Ein Deutscher auf Widerruf. d. 2. st 1501
– Georg Büchner und seine Zeit. st 58
– Thomas Mann. st 1047
– Der Turm von Babel. st 2174
Mayröcker: Ausgewählte Gedichte. st 1302
Meyer, E. Y.: In Trubschachen. st 501
Miller: Am Anfang war Erziehung. st 951
Das Drama des begabten Kindes. st 950
– Du sollst nicht merken. st 952
Morshäuser: Die Berliner Simulation. st 1293
Moser: Grammatik der Gefühle. st 897
– Körpertherapeutische Phantasien. st 1896
– Lehrjahre auf der Couch. st 352
– Vorsicht Berührung. st 2144
Muschg: Albissers Grund. st 334
– Fremdkörper. st 964
– Im Sommer des Hasen. st 263
– Das Licht und der Schlüssel. st 1560

suhrkamp taschenbücher
Eine Auswahl

Museum der modernen Poesie. st 476

Neruda: Liebesbriefe an Albertina Rosa. st 829

Nizon: Im Bauch des Wals. st 1900

Nooteboom: In den niederländischen Bergen. st 2253

– Mokusei! Eine Liebesgeschichte. st 2209

O'Brien: Der dritte Polizist. st 1810

Onetti: So traurig wie sie. st 1601

Oz: Bericht zur Lage des Staates Israel. st 2192

– Black Box. st 1898

– Eine Frau erkennen. st 2206

– Der perfekte Frieden. st 1747

Paz: Essays. 2 Bde. st 1036

– Gedichte. st 1832

Penzoldt: Idolino. st 1961

Percy: Der Idiot des Südens. st 1531

Plenzdorf: Legende vom Glück ohne Ende. st 722

– Die neuen Leiden des jungen W. st 300

Poniatowska: Stark ist das Schweigen. st 1438

Praetorius: Reisebuch für den Menschenfeind. st 2203

Proust: Auf der Suche nach der verlorenen Zeit. 10 Bde. st

Puig: Der Kuß der Spinnenfrau. st 869

– Der schönste Tango der Welt. st 474

Ribeiro: Brasilien, Brasilien. st 1835

Rochefort: Zum Glück gehts dem Sommer entgegen. st 523

Rodoreda: Auf der Plaça del Diamant. st 977

Rothmann: Stier. st 2255

Rubinstein: Nichts zu verlieren und dennoch Angst. st 2230

Russell: Eroberung des Glücks. st 389

Sanzara: Das verlorene Kind. st 910

Semprún: Die große Reise. st 744

– Was für ein schöner Sonntag. st 972

Sloterdijk: Der Zauberbaum. st 1445

Späth: Stilles Gelände am See. st 2289

Sternberger: Drei Wurzeln der Politik. st 1032

Strugatzki / Strugatzki: Die häßlichen Schwäne. st 1275

– Eine Milliarde Jahre vor dem Weltuntergang. st 1338

Tendrjakow: Die Abrechnung. st 965

Unseld: Der Autor und sein Verleger. st 1204

– Begegnungen mit Hermann Hesse. st 218

Vargas Llosa: Der Geschichtenerzähler. st 1982

– Der Hauptmann und sein Frauenbataillon. st 959

– Der Krieg am Ende der Welt. st 1343

– Lob der Stiefmutter. st 2200

– Tante Julia und der Kunstschreiber. st 1520

suhrkamp taschenbücher
Eine Auswahl

Vargas Llosa: Wer hat Palomino Molero umgebracht? 1786

Walser, Martin: Die Anselm Kristlein Trilogie (Halbzeit, Das Einhorn, Der Sturz). st 684
– Brandung. st 1374
– Ehen in Philippsburg. st 1209
– Ein fliehendes Pferd. st 600
– Jagd. st 1785
– Jenseits der Liebe. st 525
– Liebeserklärungen. st 1259
– Lügengeschichten. st 1736
– Das Schwanenhaus. st 800
– Seelenarbeit. st 901
– Die Verteidigung der Kindheit. st 2252

Walser, Robert: Der Gehülfe. st 1110
– Geschwister Tanner. st 1109
– Jakob von Gunten. st 1111
– Der Räuber. st 1112
Watts: Der Lauf des Wassers. st 878
– Vom Geist des Zen. st 1288
Weber-Kellermann: Die deutsche Familie. st 185
Weiß, Ernst: Der Augenzeuge. st 797
Weiss, Peter: Das Duell. st 41
Winkler: Friedhof der bittern Orangen. st 2171
Zeemann: Einübung in Katastrophen. st 565
Zweig: Brasilien. st 984